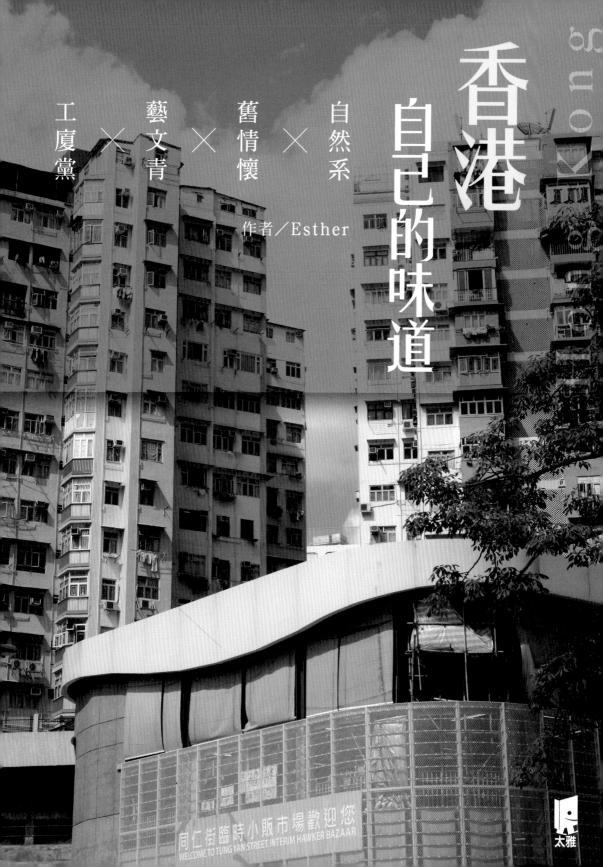

香港 自己的味道

工廈黨 × 藝文青 × 舊情懷 × 自然系

作者／Esther

同仁街臨時小販市場歡迎您
WELCOME TO TUNG YAN STREET INTERIM HAWKER BAZAAR

太雅

目錄

Contents

穿街走巷遊香港：
4 個旅行主題 × 50 個地道景點

工廈黨

舊情懷

藝文青

自然系

目錄

contents

主題類別 ▶
標示出工廠黨、藝文青、舊情懷、自然系其中之一。

景點特色
每個景點皆標示出3大特色，旅遊重點一目了然。

實用資訊 ▶
提供詳細旅遊資訊。如：地址、電話、開放時間、平均消費金額、特色餐點、交通指引、網址、注意事項等。

老師傅、真功夫、好味道，
巧歎地道「一盅兩件」

私語 ▶
造訪該景點時需注意或額外補充的貼心提醒。

私家推薦
作者私房推薦的餐飲及商品等。

延伸專欄 ▶
將景點中特別內容作成小主題介紹，如特色活動、經典美食等。

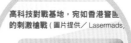

分區街道圖 ▲
各分區皆繪製詳細地圖，完整標示道路名、地鐵站與出口，輕鬆抵達每一個景點。

本書使用圖例

 特色景點　　 購物逛街　　 住宿旅館

 飲食餐廳　　娛樂活動　　地鐵站

丟掉常規，去一趟只屬於自己回憶的旅行

作者序

一趟美好的旅行，就算經過多少年頭，還是會令人久久無法忘懷。如果現在要你回憶起當年旅行的行程細節，時間越長，相信印象會越模糊，反而一個意外的相遇，與當地人的一段對話、一頓美味的晚餐、一幅如詩般的景色、甚至是一次迷路的經歷等預期以外的事情，往往能延長旅遊的記憶，就算若干年後，也依然不會忘記，所以旅遊對我來說，很大程度上是一種心情的享受，多於遊歷國家的數量。

在寫這本書的過程中，曾經與不同背景的店主對談，走過了熟悉的街道，體驗初次接觸的玩意，而讓我印象最深刻的，就是許多人都不約而同說出一樣的話：「我把別人視為興趣的愛好轉化為職業，不是說我多有能耐，而是證明我對自己的愛好有多認真。」就是因為有他們的堅持，讓我在一個自己熟悉的地方，看到不一樣的風景。

生活本來就不只一種方式，旅遊更不只有一種體驗，不論是國外還是國內的旅行，只要稍稍停下腳步，就能發掘到平時沒有留意的美麗景致，就如原本以為我閉著眼，也能快速列數出香港的各樣景點和特色之處，但探訪了各區小店和地方之後，卻看到不同面貌的香港，讓我也經歷了一次「香港街巷小旅行」。

關於作者

Esther

　　出生在香港，經歷了英式殖民教育與香港主權回歸之後的兩種文化洗禮，一直尋找香港的獨特性，直至在非營利團體工作，與不同政府單位、地區文化團體和弱勢族群接觸後，了解到看似微不足道的小人物和他們的日常生活，才是最能代表本地文化特色。而閒時在家，偶會自製一些小手作，逛街時尤其喜歡少眾但設計特別的小單品。

來自編輯室

編輯室提醒 ＊全書金額單位皆為港幣。

出發前，請記得利用書上提供的Data再一次確認

　　每一個城市都是有生命的，會隨著時間不斷成長，「改變」於是成為不可避免的常態，雖然本書的作者與編輯已經盡力，讓書中呈現最新最完整的資訊，但是，我們仍要提醒本書的讀者，必要的時候，請多利用書中的電話，再次確認相關訊息。

資訊不代表對服務品質的背書

　　本書作者所提供的飯店、餐廳、商店等等資訊，是作者個人經歷或採訪獲得的資訊，本書作者盡力介紹有特色與價值的旅遊資訊，但是過去有讀者因為店家或機構服務態度不佳，而產生對作者的誤解。敝社申明，「服務」是一種「人為」，作者無法為所有服務生或任何機構的職員背書他們的品行，甚或是費用與服務內容也會隨時間調動，所以，因時因地因人，可能會與作者的體會不同，這也是旅行的特質。

新版與舊版

　　太雅旅遊書中銷售穩定的書籍，會不斷再版，並利用再版時做修訂。通常修訂時，還會新增餐廳、店家，重新製作專題，所以舊版的經典之作，可能會縮小版面，或是僅以情報簡短附錄。不論我們作何改變，一定考量讀者的利益。

票價震盪現象

　　越受歡迎的觀光城市，參觀門票和交通票券價格越容易調漲，但調幅不大(例如倫敦)，若出現跟書中的價格有微小差距，請以平常心接受。

謝謝眾多讀者的來信

　　過去太雅旅遊書，透過非常多讀者的來信，得知更多的資訊，甚至幫忙修訂，非常感謝你們幫忙的熱心與愛好旅遊的熱情。歡迎讀者將你所知道的變動後訊息，善用我們提供的「線上讀者情報上傳表單」或是直接寫信來taiya@morning-star.com.tw，讓華文旅遊者在世界成為彼此的幫助。

太雅旅行作家俱樂部

不一樣

好好玩
的香港
市井生活

旅遊，當然要去一些最能感受當地文化色彩的地方，透過衣、食、住、行的日常生活，可以確切體驗一個城市的全貌。曾被英國殖民管治的香港，是一個中西文化滙聚的國際都市，但其實它不如外表那麼洋化，骨子裡存有很多中國在地的民間傳統。

香港所謂的市井文化，其實就是市民每天所過的生活，這些沒有華麗修飾的日常，可以看出香港這個地方最真實的面貌，大家只要跟隨本書的路線遊逛，就算不是住在香港，也能感受到最地道的本地特色。

在飲食方面，要吃到蛋撻、菠蘿包和燒味以外極具香港特色的食物其實不難，只要走訪民居附近的商場，便可看到有別於鬧區的平民美食，價錢便宜之外，入夜後還可體驗到當地市民的消夜文化。

而在香港富有新舊文化色彩的地方，往往都不是在大街之中，而是隱身在橫街小巷裡面，若想看地圖和旅遊書都找不到的景趣和本地藝術，那就要親身走入後巷，一步一步地去探索、發掘。

旅行來到這裡，可以悉心留意港人以為平凡、對旅人卻有不凡意義的日常風景，在新舊年代交織下的市井文化、民居飲食及生活景趣，都將使你更深一層感受正「港」風情。

Living in Hong Kong

碰運氣的**街頭藝術**

隨走隨看，有正「港」運氣才得見的墨寶塗鴉

說起街頭藝術，相信九龍皇帝曾灶財先生應算是香港代表。他由最初在街頭書寫祖先事蹟與自己九龍皇帝的身分來宣示主權，到最後被邀請到威尼斯藝術雙年展，展示其塗鴉作品，連曾灶財先生做夢也沒想到自己的宣示，後來引起了各界關注香港的街頭藝術文化，而這種無心行為正正可以體現出街頭塗鴉的神髓。其實，香港不只有曾灶財先生的墨寶塗鴉，有時經過工廠大廈的橫街小巷，你會發現大廈牆壁有很多噴漆塗鴉，但每經過一段時間，這些塗鴉都會被擦掉，因它普遍被視為一種有礙美觀的滋擾，現在則有民間團體發起社區性的街頭藝術節，讓市民有更多機會接觸塗鴉藝術。

而繼墨寶塗鴉之後，沉寂多時的街頭藝術氣氛，近年因一群手作人的緣故，再次被燃點起來，她們以針織塗鴉來粉飾香港街頭。針織塗鴉相比起噴漆塗鴉，需要花費更多心思及時間。在準備塗鴉前，要先到街頭確認目標尺寸，然後在工作室內預先編織好「毛冷」（毛線）針織圖案，再到街上把準備好的圖案即場縫合才完成。由於這些都是一種隨意的街頭藝術，不是定期展覽，沒有指定地點和時間，所以下次來到香港，可放慢腳步，細心留意身邊會否有如上的街頭藝術作品。

延伸景點 HK Walls P.28～29

老香港之
花碼價錢牌

人客呀，凍檸茶一杯「‖三十」元囉

　　阿拉伯數字通用之前，香港是用花碼作為數字和價錢寫法的共同語言。茶餐廳、酒樓、小巴、街市攤檔和米鋪等，全都在膠牌上手寫花碼數字作為價錢牌，價格若有任何變動，可立即修改，不用像現在要重新印刷新的價目表。現在老字號的店鋪依然沿用這種方式，保留了香港舊日零售店的特色。

　　而當我們在老店鋪看到花碼價錢牌時，該如何解讀呢？首先，可以由上、中、下分拆來看，第一行是食物名稱，第二行是花碼數值，第三行是單位。以下圖為例，凍檸七是食物名稱，‖三是花碼數值，即2、8的意思，十元則是單位，這個價錢的詮釋便是凍檸七的售價是 28 元正。下次有機會到有花碼價錢牌的餐廳時，可以參考下面的花碼數字表來看價目。

延伸景點　大龍鳳 P.36～37

花碼數字表
算算看，酸梅梳打幾多錢呢？

攵	三	⼆	㇀	8	ㄨ	川	‖	｜	〇
9	8	7	6	5	4	3	2	1	0

唐樓獨有的人情味

早年香港的第一印象，包租公、包租婆的發跡處

最早期在香港出現的唐樓，是以青磚砌成、用木和瓦片組建屋頂的 2～3 層樓宇，唐樓旁邊的木樓梯連接著各層，每層均有「陽台」，也有人稱作露台。當時的樓房以華人居住為主，故稱為「唐樓」。

唐樓在戰後初期慢慢興起，其後因香港人口急速增長，業主為應付大量租客，便將唐樓每層分拆成獨立的板間房，然後由承租人（即所謂的包租公，包租婆）負責定期向所有住客收取租金。香港的粵語長片《七十二家房客》和周星馳電影《功夫》裡的包租婆角色，靈感也在於此。

據一名老街坊說，由於家家戶戶相隔很近，大家彼此認識，感情有如親友般吵吵鬧鬧，鄰居之間也常會幫忙照顧小孩，煮菜遇到沒有鹽、糖或白米時，都會向隔壁鄰居先行借用，唐樓慢慢地形成了一個小社區和守望相助的鄰里關係。

現在沒有太多香港人居住的唐樓反而成為開設店鋪和工作室的熱點，一來唐樓間隔自成一體，不會有大型商場的競爭氣氛，濃厚的生活感和人情味也是因素之一。

 延伸景點 富德樓 P.46～47
香港故事館 P.60～61

小販文化——綠盒子排檔

坐落街坊的鐵皮盒子，價廉物美的露天市集

某天與一位外國朋友聊天時，提及他對香港最深刻的印象，就是街上一個接一個的盒型鐵皮攤檔。不管在大馬路旁、在崎嶇不平的斜道上，還是狹窄小巷的左右兩旁，都會見到這些看似隨意擺放，實際上是由政府有系統規管的小販規畫區。

這位外國朋友口中所說的盒型鐵皮攤檔，其實就是我們所謂的「排檔」，它代表香港的一種小販文化。在下班的回家路上，只要到「排檔」小販街走一趟，便可以買齊日常生活用品，款式集中又齊全，而且價錢比大型連鎖式的百貨公司或超級市場便宜，亦是老街坊們的最愛。

對於排檔顏色有許多的說法，其中一個據說是因為政府曾經有一段時間加強執行檢控非法擺賣，小販們為了避免被檢控、讓排檔看起來更整潔，便一致採用了綠色油漆顏色，成為香港人日後常說的「綠盒子」排檔。發展至今，現已有不同顏色的排檔，有的甚至會手繪不同的公仔圖案。而排檔四方型的空間設計，呈現出香港因地少人多而演變出來的本土建築特色。要體驗真正的地道香港街坊文化，不妨到「排檔」小販街逛一逛。

延伸景點　太原街排檔 P.57～59

能醫百病的**百子櫃**

醫病強身無一或缺，街坊鄰居的顧身寶櫃

由香港政府興建的資助樓宇，是一種以廉宜租金方式租給低下階層人士的公共屋邨，這類型的公共屋邨第一層通常是屋邨商場，日常生活用品、藥房、食肆、衣服、文具和運動用品等一應俱全，其中藥房儼如一間百寶店，不單可以買到家庭日用品、成藥、蔘茸海味、中藥材、西藥，還有註冊中醫師和藥劑師駐場。小時候如患感冒、咳嗽等小病，多數會選擇到藥房找中醫師把脈，診症完後，就會見到中藥師父在百子櫃中拿所需藥材打包給病人回家煎煮。

早期的百子櫃是大型抽屜木櫃，現在慢慢已演變成上半層是玻璃層格，下半層是多層抽屜。據說藥材一般會分為三大類，第一類是比較矜貴的，第二類屬於平價藥，最後一類是不流行的藥材。不同中藥鋪對藥材擺放都各有編排，然而普遍會按照中藥配方的特性和品種來分，百子櫃中間一排抽屜會放最常用的中藥，名貴或輕身的在上層位置，質量較重會在較低位置。

香港的涼茶鋪就是由中藥鋪演變出來的，每種涼茶都會細分功效，如感冒茶、止咳茶、潤燥的火麻仁、清熱去濕的五花茶和解毒明目的銀菊露等。

 延伸景點 良茶隅 P.86～87

屋邨居民飯堂──冬菇亭

正港味的草根大冬菇，體驗民居日常飲食

　　冬菇亭是香港 70 ～ 80 年代公共屋邨的副產物，為附近屋邨居民提供一日三餐的熟食亭，早上在這裡可以吃到腸粉白粥，中午有茶餐廳式午餐，晚上則提供有鑊氣的即叫即炒小菜。由於它屬於政府地區屋邨的功能性建築物，設計上也以實用性為主，亭內各熟食檔均沒有屏障分隔和冷氣設備，只以牛角扇和亭中拱形頂部的排氣口為各檔排走熱氣和通風。

　　冬菇亭當時原為公共屋邨的低收入居民提供廉價的熟食攤檔，所以它一直被標誌著「草根食堂」的稱號。經歷時代轉變，冬菇亭外觀與設施也有所改良。現在大多數的冬菇亭都有冷氣設備、設有室內雅座和露天茶座，而具標誌性的四方形尖頂設計，部分已改為平頂，但仍保留一貫冬菇形態的設計。至於熟食檔的種類與以前沒有多大分別，同樣都是以粥、粉、麵、飯、小菜和「打冷」(潮州鹵水醃製的冷盤) 為主。

延伸
景點　糖室 P.102 ～ 103

到香港 過小日子

- 工廈黨
- 藝文青
- 舊情懷
- 自然系

要深入感受香港的獨有文化，單看表面五光十色的繁華一面是不足夠的，走入人群，看看人們真實的生活場景，才能體會一個地方的魅力之處。本書規畫工廈黨、藝文青、舊情懷和自然系這 4 個分類，就是要帶領大家走進光環背後的香港，遊覽不是官方提供的景點，從而直接領略本地人的生活和社會面貌。

工廈黨

老舊的工廠大廈，
搖身變為本地質感品牌新據點

　　原本屬於工業用途的工廠大廈，在香港經濟模式轉型下逐漸被空置，在時空背景的更迭下，因工廠大廈的獨立空間感，勝過密集設計的大型商場，且地點就近上班族，漸漸吸引了許多各行各業的人來此開設店鋪。

　　這樣的轉變，讓很多小本經營的店鋪紛紛出現在各區的工廠大廈內，店鋪類型亦越來越多元化，貨品價錢和種類相較親民、廣泛得多，不僅有手作工藝、本地品牌進駐，還有不同類型餐廳和娛樂場所等，讓工廠大廈仿如一個平民市集，不像到處皆是名店的大型商場。

　　由於工廈不是正規的商場模式，沒有店鋪目錄小冊子，沒有商場指示牌，也不能在網上找到齊全的店鋪總滙，所以每到一層都會有一種尋寶的感覺，逛完一層，就會期待下層樓會看見什麼不一樣的店鋪。這樣無目的性的閒溜，反而多了一份逛街的樂趣。

FERRER/BOBET

藝文青

港地文青力：

藝術不是欣賞，是生活

　　藝文創作在香港是小眾文化，其呈現方式也不再集中或局限於一個作品上，而是展示在生活態度中。在香港以文藝創作來維持穩定收入的生活，本來就不是一件容易的事，也因為現實條件的限制，香港的藝文青逐漸把創作理念融入生活當中，創造屬於自己的文藝空間，營造出獨樹一幟的小店，來持續創作和維持生活。

　　這樣的轉變，反而吸引了大眾關注，並打開了一店一故事的經營模式。很多小店的始創人都是來自不同領域的文藝界，包括有視覺藝術、新聞編輯、詩詞創作、手作、時裝設計、音樂創作和廣告製作等。它們不追隨潮流，以自己的品味出發，如不分類古著混搭店、沒菜單咖啡室和無定向教室等，都是不太以市場考量而出發的小店，更能體現香港獨特的一面。

舊情懷

老生活、老回憶、老故事，
地道港式文化追尋

　　香港地方不大，可以用散步方式遊覽不同地區，這樣的好處是可以慢慢欣賞周邊景物，通過所走的街道，把零碎的城市印象構成一幅完整圖畫，過程當中還能了解到不同的地區文化。

　　若時間足夠深入走到小街之中的話，能找到更多關於香港童年生活、集體回憶、歷史事蹟、生活經歷和舊街坊文化等種種情懷故事。這些故事是由政府、民間團體及個人的努力保存下來的，它們說出了一個城市的變遷和走向，例如灣仔的小販排檔文化、觀塘的重建紀錄、深水埗的公屋草根生活導覽、校園的生涯點滴、童年食物味道和私人收藏博物館等，都有濃厚的老香港影子。

　　舊年代的人、事、物其實是一個文化背景的基礎，也是一個城市開首的雛形，舊物保留下來的不但是歷史的事蹟，還有當中的人情味，也可以明白一些地道文化的意義和起源，舊情懷所代表的就是有傳承意味的歷史回憶。

自然系

瞬息城市中的慢空間，
水泥叢林中的桃花源

香港本身擁有很多美麗的自然環境，由遠至近的角度，沿着海、陸、空3種不同路線，可以感受到未曾被外界打擾的純樸氣息。

那麼，應從哪裡開始體驗香港的自然生活呢？首先，可以跟著農莊主人來一個野外生態漫遊，再到菜田摘取新鮮農作物，一嘗蔬菜即採即煮的美味；或到小村落社區參觀，在村落的原住民帶領下，了解當地的風土習俗民情及村落的今昔變遷；喜歡欣賞自然風景的朋友，可到連接著地質公園的沙灘散步，

或駕著滑翔傘觀賞香港郊野景致；如喜歡登山遠足的朋友，則可以到香港最高的山峰，飽覽四時季節性花卉植物鋪滿整座山的美麗畫面，和沿途欣賞落日晚霞。

這些只有本地人才知道的郊區，依然保存著簡單純樸的鄉村生活，若旅人能用一天的時間到香港郊外走走的話，相信便會扭轉香港只是一個購物天堂的印象。

穿街走巷遊香港

4 個旅行主題
X
50 個地道景點

元朗區

屯門區

荃灣區

葵青區

離島區

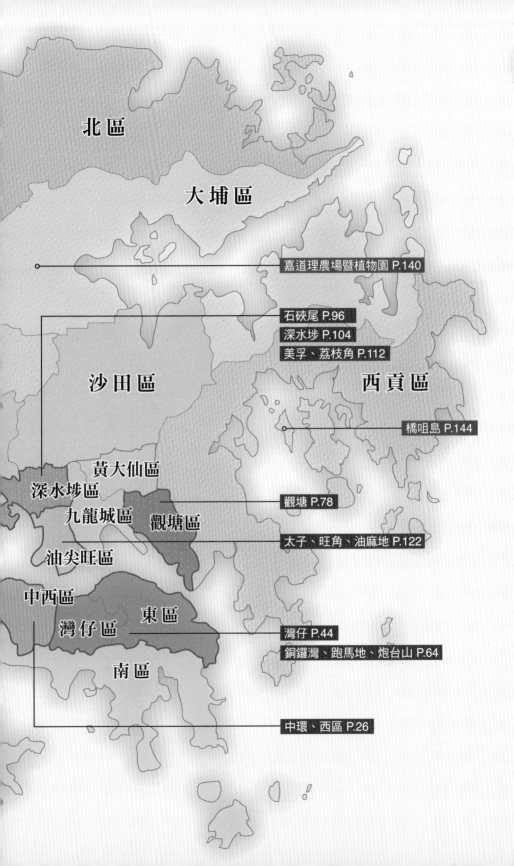

北區

大埔區

嘉道理農場暨植物園 P.140

石硤尾 P.96
深水埗 P.104
美孚、荔枝角 P.112

沙田區

西貢區

橋咀島 P.144

黃大仙區

深水埗區

觀塘 P.78

九龍城區　觀塘區

太子、旺角、油麻地 P.122

油尖旺區

中西區

東區

灣仔區

灣仔 P.44

銅鑼灣、跑馬地、炮台山 P.64

南區

中環、西區 P.26

關於中環、西區，
其實……

中西區曾經是華洋分治的地區，因此整個區域布滿了中西交錯的建築物。英國殖民管治期間，中環主要是洋人聚集的地方，如今來到中環也會看到很多極具殖民地色彩的建築物，而上環、西區等則是華人主要的聚居地，所以在那裡，唐樓隨處可見。後來因華人人口急劇增長，中環開始有華人居住。而被活化的荷李活道前已婚警察宿舍，即現在的「元創方」，是政府首次為已婚的警務人員(包括華人警員)設立的宿舍，華洋的分界開始慢慢縮短。

西區

N

加多近街

麥梳士街

士美菲路

Collection
de Vignobles

科士街

堅尼地城 ✳
✳ C

科士街

士美菲路

✳ A

20公尺

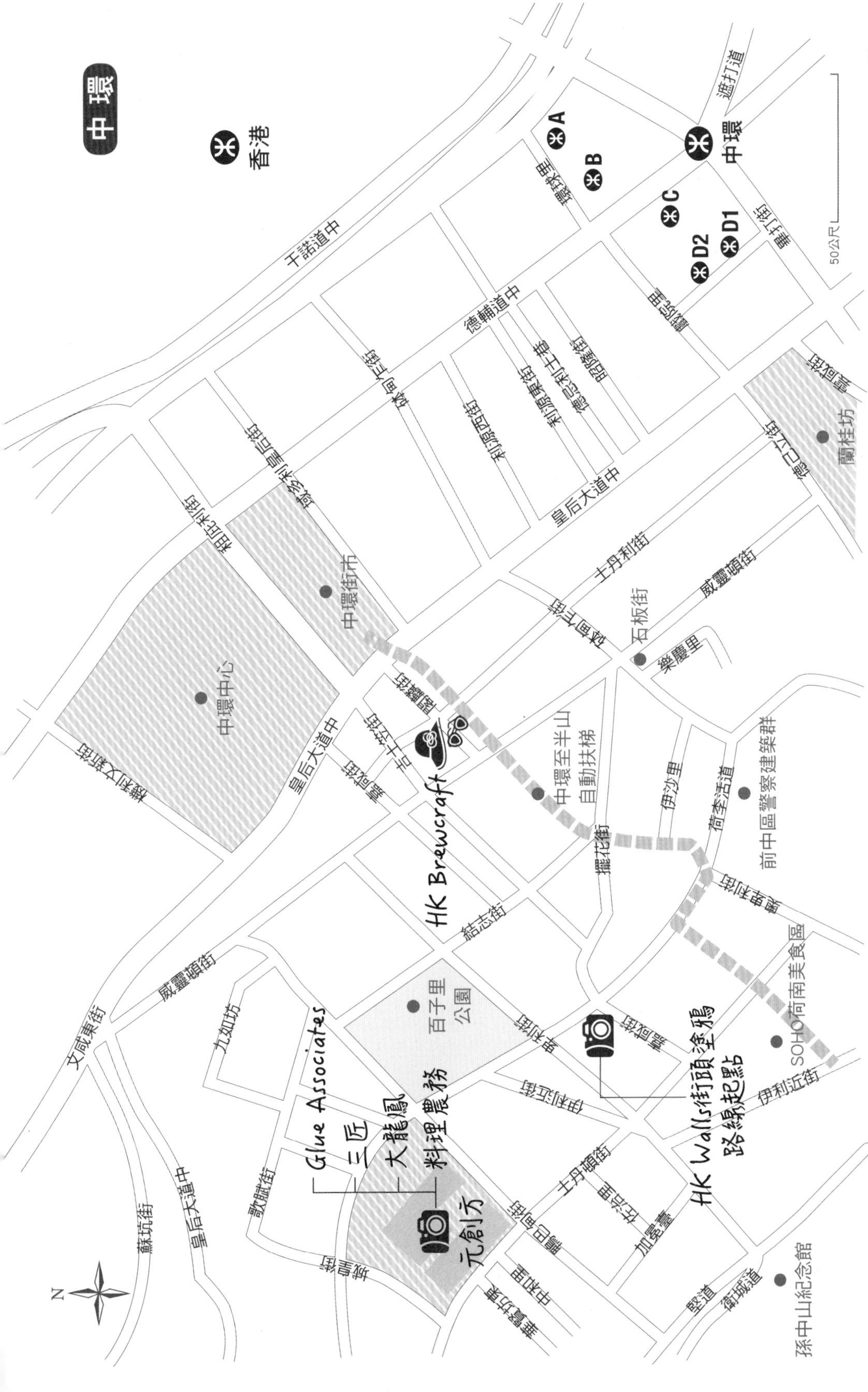

中環

Ⓜ 香港

Ⓜ A
Ⓜ B
Ⓜ C
Ⓜ D1
Ⓜ D2
Ⓜ 中環

遮打道

50公尺

干諾道中

德輔道中

租庇利街
畢打街
皇后大道中
利源西街
利源東街
德忌利士街
昭隆街

土丹利街
威靈頓街
石板街
樂慶里

蘭桂坊

結志街
砵典乍街
中環街市
中環中心
皇后大道中
中環至半山自動扶梯
擺花街
伊沙里
荷李活道
伊利近街
SOHO荷南美食區

前中區警察建築群

HK Brewcraft

百子里公園

HK Walls街頭塗鴉路線起點

Glue Associates
三匠
大龍鳳
料理農務
元創方

威靈頓街
九如坊
歌賦街
文咸東街
蘇杭街
皇后大道中

土丹頓街

孫中山紀念館

N

HK Walls

Infomation

地址 香港中環嘉咸街(街頭塗鴉的起點) **交通** 港鐵中環站 D2 出口,沿著德己立街往威靈頓街直走,左轉擺花街,看見「住好啲 G.O.D.」店鋪附近便是街頭塗鴉的起點,步行約 10～15 分鐘 **網址** hkwalls. org、www.facebook.com/hongkongwalls **MAP** P.27

注意事項 詳細路線圖可於官網下載 (hkwalls.org 右上角選擇 Menu → Past Festivals → 2015 Sheung Wan Map)

街區漫遊,
遇見港地街頭新藝術

沿街欣賞塗鴉與特色小店

建議以嘉咸街作起點,沿著荷李活道往上環方向欣賞街頭塗鴉,沿途更會經過「元創方」景點。
另外,荷李活道附近很多具有中西文化特色的小店和藝廊,也可一併欣賞。

「We need walls. You need art.」是 HK Walls 的一個口號，字句之中表達了藝術與社區之間互動和連結的重要性。HK Walls 是一個推廣街頭塗鴉藝術的非營利團體，希望提升街頭藝術在香港的商業價值，追近紐約、倫敦、柏林的步伐，冀望未來可以讓塗鴉作品成為香港標誌性文化之一。每年他們都會舉辦街頭藝術節，邀請本土和國外的藝術家，透過香港街頭展現不同國家的創作畫風和塗鴉文化，讓市民可以用更自由隨意的方式欣賞藝術作品。

一向給人獨立、隨性、沒有組織的街頭塗鴉，在 HK Walls 的穿針引線之下，成為了合法的社區活動。每年他們都會在香港其中一個地區，給各商鋪、建築物管理者和業主講解塗鴉意念並徵求同意，借用其外牆進行壁畫創作，而塗鴉過程是公開且沒有設立路障，市民可以近距離看到一幅塗鴉作品的創作過程。當街頭藝術節過後，大部分的作品仍會被保留下來，市民可在 HK Walls 的官網下載塗鴉作品地點示意圖，逛街時可自訂遊覽路線慢慢欣賞。

在中、上環的街頭藝術節就有接近有 40 個單位參與創作，除本地的藝術家外，還邀請到來自中國、台灣、澳門、泰國、日本、韓國、法國、美國、西班牙、加拿大、義大利、英國及菲律賓等國家的藝術家來香港完成這個活動。其中參與的一個香港代表 Parent's Parents，是一個 4 人團隊，也是早在讀設計時已經認識的舊同學，偏愛舊時代的人、事、物，創作多以動物或字體來表現生活。若想在欣賞塗鴉前認識多一點各藝術家的畫風，可到 HK Walls 官網查看其簡介。

跟著走，來趟港地塗鴉小旅行
嘉咸街→荷李活道→四方街→西街→差館上街→太平山街
→普慶坊→大安台。

1. 四方街 法國 Hopare 的作品很多都是以人物面孔特寫為主題／**2. 嘉咸街** 香港代表 Roes 的塗鴉作品以旁邊餐廳內的食品作出發點／**3.6. 西街** Artime Joe、Barlo、Egg Fiasco、Exld、Jay Flow 分別在後街的長巷上，創作了一連串如接龍式的壁畫／**4. 荷李活道** 這是 Parent's Parents 位於荷李活道 97 號「La Cabane」的作品／**5. 四方街** 韓國的 Xeva 所創作的李小龍壁畫，運用了靜態圖像，以劃分、拆降和層次的方式，融入了他在電影裡的形象／**7. 差館上街** 泰國 Rukkit 的彩色幾何狐狸作品，結合了自由筆風和模板印刷技巧，由不同的彩色圖案組合而成

元創方

Infomation

地址 香港中環鴨巴甸街 35 號 **電話** 2870-2335 **交通** 港鐵香港站 E1 出口，由國際金融中心 (IFC) 一期沿行人天橋經恒生銀行大廈及中環街市，再由中環至半山自動扶手電梯直達士丹頓街，於自動扶手電梯右方直行至 PMQ 的 A 座地下，步行約 15 分鐘 **網址** www.pmq.org.hk **MAP** P.27

遊走百年古蹟，感受當代文創新生力

STAUNTON (A座)

Courtyard & Marketplace
地面廣場

Qube 智方 (2/F)

$\longrightarrow$

JPC
(前中區少年警訊會所)

Hollywood Garden
冬青圍

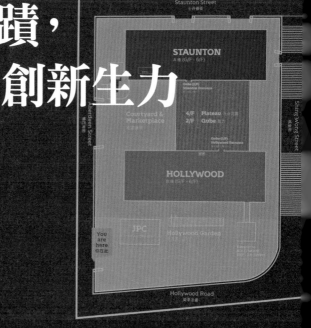

走逛元創方文化導覽團與獨特店

若對古式建築物有興趣的朋友，可到官網預約文化導覽團，記得預約時註明需要普通話導覽。
另外，大樓地下平台多是大家熟悉的品牌，越往上層越會發掘到不同特色的店鋪喔！

位於 中環的荷李活建築群，跨越了香港由殖民時期到主權回歸中國的年代，而它本身也是一個引證歷史的建築物，從第一所為公眾提供西式教育的政府學校，到二次世界大戰後，成為香港第一所為英、華警務人員而興建的已婚警察宿舍，見證華人與洋人日漸共融的時刻，現在這裡成為了匯聚創意文化平台的「元創方」，繼續讓這個荷李活建築群，揭開歷史的新一章。

元創方啟動之初，提供一個優惠的租金價格，招募具獨特概念或本地設計單位進駐。經過數年的推廣，已雲集多達百個本地新進創作家，當中有歷史傳承意味的手工藝品、多元性設計的集體創作、展現舊香港風貌的茶居和提倡生活態度的餐廳等。除此之外，元創方也會與其他創作人以合作方式，策畫期間限定店，務求提供更多元化的設計平台。

不定期的展覽、節日和文化活動為這個創意生活平台錦上添花，增添人氣。元創方每年都會舉辦不同大小程度的活動，類型方面也甚廣，曾舉辦市集、品酒、工作坊和創意展覽等。常規活動則有文化導賞團，60 分鐘的行程，帶你遊覽這幢前警察宿舍的 7 大歷史痕跡。這些活動不但讓訪客有更多選擇，對平台也起了相輔相成的作用。

1. 這座建築物經歷幾代變遷，由初期的書院變成警察宿舍，接著其中一個宿舍建築物改為警察子弟學校，最後是少年警訊會所，如今已成為創意生活平台／2. 元創方不定期舉辦市集，主題每次也會略有不同／3. 從鴨巴甸街斜路門口進入便是冬青圍入口，進入之後可乘電梯到達平台廣場／4. 這是以前宿舍用的信箱，現成為保育遺產的一部分
(1～3 圖片提供／元創方)

Glue Associates

Infomation

地址 香港中環鴨巴甸街 35 號元創方 A 座 4 樓 S402 室
電話 2548-4138　**時間** 星期一～星期日 12:00 ～ 20:00
交通 請參見元創方 (P.30)　**網址** www.facebook.com/
glueassociate　**MAP** P.27

從本地到世界元素的
個性生活用品店

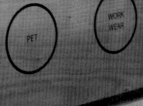

CANDLE

FASHION ACCESSORY

PET

WORK WEAR

繽紛的銅鑼灣分店

「Glue Associates」也被邀請在銅鑼灣商場開設分店，其店內的產品風格依然不變，
都是著重於把繽紛的設計色彩融入其中。

〈 揉合荷蘭元素的東方風 〉

多元文化共存是香港的地方特色，「Glue Associates」的負責人在馬來西亞、北京、荷蘭走了一圈後，也將自己多年在各地的領悟融入設計，把家居用品及精品注入了繽紛的色彩和玩味元素，形成一股揉合了荷蘭與東方色彩的生活時尚風格，這個理念正好與「元創方」不謀而合，便決定與幾位合伙人扎根於此。而「元創方」獨有的歷史文化背景，吸引了不同層面的顧客來訪，廣闊的顧客群，讓他們有更大空間嘗試不同的創新意念，把產品變為一種生活態度。

〈 香港品牌 BeCandle 〉

店內其中有一系列富有香港和東方色彩的產品。「Glue Associates」內的一個香港品牌 BeCandle，它的創作靈感源自日常生活，然後再融會貫通、把它注入其設計的蠟燭產品中，香港本土特色的點心系列便是一例。這是 BeCandle 創辦人某天在吃豬腸粉時，忽發靈感而生的主題，腸粉、燒賣、粉果、小籠包、叉燒飽的造型蠟燭被點燃後慢慢熔解，一如流行過的舊物被數位產品漸漸取代，消失於時空之中。

〈 會心微笑的網路商店 〉

其他的玩味產品包括有中國風的環保手提包、傳統喜慶喻意的心意卡、陶瓷掛牆雲朵卷筒衛生紙架等，這裡產品的共同點是實用之餘又不失趣味的生活化用品。另外，因實體店展示商品的空間有限，因此「Glue Associates」也在其官網上開了網上購物店，讓顧客可全面認識不同類型產品。

私家推薦

古潮流環保手提袋

環保手提包加入了古代人玩滑板的設計元素，提高了產品的質感。

1. 店鋪分開兩部分，單位前半部空間是用作展出不同品牌的產品／ 2. 後半部空間是店主日常的工作室／ 3. 陶瓷掛牆雲朵卷筒衛生紙，一共有 3 款圖案選擇／ 4. 這款是用了五福臨門喻意的心意卡

三匠

Infomation

地址 香港中環鴨巴甸街 35 號元創方 B 座 4 樓 H407 室
電話 2135-5590 **時間** 週一～週四 14:00 ～ 19:00，週五
～週日 14:00 ～ 21:00 **交通** 請參見元創方 (P.30) **網址**
www.facebook.com/ThreeArtisans **MAP** P.27

將舊時代的老城風采，
換上新世紀的工藝新裝

客製鏡框與長衫製作體驗

店內除了有現成的眼鏡框款外，客人也可以隨自己的喜好，自由配搭眼鏡框款與顏色。這裡定期
也會有長衫製作體驗工作坊，喜歡手藝的朋友，可到新裝如初的臉書報名。

Postcard 1 set / 4 pcs.
HK$50

〈 3 位本地品牌設計師駐店 〉

傳統手工藝與香港舊城區是一個密不可分的關連詞，以前舊城區隨街可見琳瑯滿目的手工藝製品，在現今社會難得一見。若要將漸被遺忘的傳統技藝與舊城風采重新上線，需要把舊工藝的文化精髓與新時代再次接軌，可幸的是有 3 位本地品牌設計師，其品牌為：「新裝如初」、「Eyepopper」、「愛在大街小巷找你」，用其創意手法把舊時代的文化價值製成潮品，並且成立「三匠」的零售文化體驗店，將旗袍手藝、眼鏡工藝和大角咀的舊城老貌展示給大眾。

〈 可上班穿的旗袍 〉

因把舊牛仔布料改良為設計新穎的旗袍，從而獲得各界青睞的「新裝如初」，為傳統旗袍揭開了新風格。店內的旗袍融合了現代時裝設計意念，如立領款式的單色旗袍上衣，簡潔低調的基本款，最適合上班時穿著；若想要呈現女性曲線的旗袍，可選擇前短後長的上衣款，再配搭丹寧褲，修飾體形之餘又能突顯品味。除此之外，旗袍所採用的材料都是天然的棉麻、丹寧、真絲綢等，布料比傳統的旗袍來得柔軟，觸感更細膩。

〈 香港品牌 Eyepopper 〉

另外，以香港街道為靈感的「Eyepopper」和以紙品記錄香港大角咀草根社區的「愛在大街小巷找你」，均以香港情懷為題，把昔日生活情景融入在作品中。

「Eyepopper」除了出產眼鏡框款外，還會採用眼鏡的醋酸纖維物料製作小飾物；而「愛在大街小巷找你」則以手繪方式，把大角咀區內的人、事、物作為場景，製作出不同種類的 3D 立體紙雕。

1. 醋酸纖維是品質較佳的眼鏡物料，具有良好透明度和光澤感，而且可製作出木紋和玳瑁等天然紋路，不但適合用作眼鏡框，加熱後容易塑形的特點，更可變化出多款不同類型的小飾品／ 2. 3D 紙模的明信卡、月曆、掛飾和紀念品等，都是熱門的香港手信

私家推薦

牛仔旗袍

牛仔旗袍系列所採用的是布廠剩餘的洗水牛仔布料，設計師因應不同牛仔布料的洗水彈性而裁剪，所以每件牛仔旗袍款式都不盡相同喔！

大龍鳳

Infomation

地址 香港中環鴨巴甸街 35 號元創方 1 樓 H107 室 **電話** 2572-2886
時間 週一～週五 12:00 ～ 20:00，週六～週日 11:00 ～ 21:00 **價錢** 每
人平均消費約 $60 ～ $80 **特色餐點** 糯米雞 $32 ／叉燒包 $22 ／蝦餃
$26 **交通** 請見元創方 (P.30) **網址** www.pmq.org.hk/shop/tai-lung-fung
MAP P.27

老師傅、真功夫、好味道，
巧歎地道「一盅兩件」

〈 由裡到外的正港老味 〉

　　由兩位合伙人主理的「大龍鳳」，結合了十數年飲食界經驗
和老師傅的功夫傳授，還原舊香港茶居外貌和傳統點心的製法，
重現舊式酒樓風味。飲茶文化在香港深入民心，市民每逢週末
早上都會到酒樓「歎」(享用) 一盅兩件，「一盅」代表蓋碗，
以前的茶居都是用蓋碗來泡茶的，「兩件」則指蝦餃、燒賣等

1. 櫃檯的綠色鐵支圖案是仿
照以前上下鋪雙層床而訂製
的。另外店內編排的座位不
多，不想有太擠迫的感覺

有套餐及港式伴手禮可選擇

店內會有午餐定食和下午茶餐，讓首次光顧的食客不需苦惱如何選擇。另外，「大龍鳳」也有售賣
由老師傅親手製作的香港地道小食。

點心，所以「一盅兩件」其實就是一邊品茶，一邊享用點心的意思。店鋪的食物和環境與當年的茶居相似外，經營模式也仿照當時休閒舒適的氛圍，不以密集的座位編排與用餐時間的限制來控管利潤。

〈 重現六〇～七〇年代的茶居 〉

說到呈現舊香港茶居原貌，環境布置是重要的一環。到底以前的茶居是什麼模樣呢？記得以前茶居的門口有一對壓花磨砂玻璃木門，一推門而入，便會看到桌面鋪了一張與家裡相似的膠台布和圓木凳，桌上擺放沖茶用的大熱水壺、紅色凹凸花紋的有蓋陶瓷茶杯、點心用的公雞碗和木筷子；抬頭往上看的是一塊塊手寫的花碼價錢餐牌，等待食物的時候，很喜歡摸牆上冰涼的紙皮石磚，一個早上便這樣度過。

〈 老師傅親製的點心涼茶 〉

在點食物時，基本上已不需再看餐牌，每位食客心目中都已有一個既定菜單。「大龍鳳」提供的食物菜單是由創辦人與酒樓老師傅討論後，再設計出來的，所以除了有傳統的一盅兩件點心外，還會有自家製的飲品、涼茶和限量中式湯等。每星期他們都會因應天氣預備應節涼茶，而涼茶的選料都會與供應商和老師傅溝通，務求可以採購到最好的品種。食客光顧時不只可吃到傳統製法的點心，還能喝到正宗的港式涼茶。

手製傳統小食

每盒小食都會寫著「每件產品背後隱藏著一個故事」，是想讓客人知道每件手製小食，都是師傅花幾十年工夫的心血結晶。

2. 這些漬物全是自家醃製，有的是用來調製雞尾酒的材料／**3.** 為了保存茶味，酒樓都會用陶瓷茶壺及茶杯／**4.** 以前的茶居是用竹籃來盛盤，加上有的點心分量較大，所以茶居一般都會給客人大湯碗來代替小碗

料理農務

自然系

元創方

Infomation
地址 香港中環鴨巴甸街 35 號元創方 A 座地下 G09-G17 號 **電話**
2858-8238 **時間** 週一～週五 12:00～14:30，18:00～23:00，
週六～週日 12:00～15:30，18:00～23:00 **價錢** 每人平均消費
約 $200～$300 **特色餐點** 醬茶醃小鴨 (半隻)$238 ／甩皮甩骨
雞藜麥飯 $118 ／花落誰家 $88 ／ Honey Blackberry$68 **交通**
請見元創方 (P.30) **網址** www.sohofama.com **MAP** P.27

吃醬菜配雞尾酒，
農場到餐桌的原味菜餚

〈 強調有機食材的中式料理 〉

眾所周知，香港人工時長，餐飯大多以快捷簡單的速食為主
要飲食，健康烹調的菜式和著重時間燉煮的廣東老火湯，恐怕
只有在假日才能享用。「料理農務」的創辦人為了打破現況，
想出以農場到餐桌的食材概念餐廳，將本地蔬菜、有機原料、
不含味精的中式煮法菜餚推廣出去，提倡食得健康又有品味的
生活態度，藉以改變香港快餐文化觀念。

1. 店內的雞尾酒是以中西
合璧概念調校，味道獨特但
又不會有違和感／**2.** 以簡
約布置為主調的室內、外環
境，配以輕鬆的音樂背景，
店主希望客人在此可暫時忘
卻香港緊張的生活步伐

私心餐食組合推薦

這裡的醬茶醃小鴨雖說不上油膩，但吃完這類紅肉，若能再搭配「Honey Blackberry」酸酸甜甜的果味，
會有幫助消化的效果。個人則喜歡以酒味濃郁的「醉羅漢雞尾酒」配以清淡的「甩皮甩骨雞藜麥飯」，健
康之餘又清而不寡。

1

2

5

4

3

〈 健康菜餚有雞湯作底 〉

改變的第一步是從食物原料入手。食材是整道菜的主角，原料的新鮮度基本上已經決定整碟菜的好壞。常言道簡單的菜色，最能體現廚師功力和心思，只見餐牌上的炒青菜就有 3 款：「薑汁炒青菜」、「蒜蓉炒青菜」和「黑蒜炒青菜」，還特地用了自家熬煮的雞湯作底，拉提它的鮮味和豐富度，是這道菜的最大亮點。

〈 當中國藥膳遇上西式概念 〉

至於燉湯方面，料理農務的創辦人和大部分年輕人一樣，怕喝有藥材味的湯水。他想到西方的果汁排毒食譜之所以興起，是因為美味又易入口的東西才可以讓人持久跟隨，於是便與中醫師合作改良口味，選擇一些人們比較容易接受的藥材，配合其他味道討好的湯料，設計出一系列易入口的藥膳湯水作入門初階，其中兩款湯水包括：「雞骨草瘦肉豬橫脷湯」和「猴頭菇瘦肉牛蒡淮山栗子湯」，特別適合未曾喝過廣東燉湯的朋友品嘗。

3.「醬茶醃小鴨」(半隻) 是選購自有機肉類，「黑蒜唐生菜」的黑蒜是店內師傅親自製作的，「甩皮甩骨雞藜麥飯」的薑蔥以醬油代替鹽和食用油來調味，小籠包則用了 4 款不同餡料／**4.**「花落誰家」在酒杯中放入新鮮菊花及用了煙薰技巧，每喝一口都有濃濃的菊花香和煙薰味道，而且酒精濃度不算高，適合女生品嘗／**5.**「Honey Blackberry」用了新鮮黑莓、百香果、蘋果汁、檸檬汁及本地野生蜂蜜，是一款沒有酒精成分雞尾酒，入口略帶微微的酸果味，有解膩作用

醉羅漢雞尾酒

以龍舌蘭酒為基調，加入了花雕、洛神花、羅漢果、本地野生蜂蜜及青檸汁，清新的酸甜味遮蓋了不少酒的苦澀味。

自然系

HK Brewcraft

Infomation

地址 香港中環閣麟街 15 號國麟大廈 4 樓全層　**電話** 5925-2739
時間 週一～週日 11:30 ～ 20:30　**交通** 港鐵中環站 D2 出口，右
轉至戲院里，沿皇后大道中直行至閣麟街，步行約 10 分鐘　**網址**
www.hkbrewcraft.com　**MAP** P.27

港式精釀啤酒，
值得細嘗再三的年輕味

留意店家營業與活動時間
店鋪的營業時間會因應店內活動而有所調整，在出發前可先留意他們的臉書動態。
試酒會的舉辦日期可參考官網，但他們不接受即時報名，記得要先預約。

〈 專賣多國手工啤酒 〉

香港人喜愛在工作之餘喝酒消遣，紅酒白酒是熱門選擇，手工啤酒在市場上則一直不見影蹤，而自近年多了年輕人加入釀製啤酒行列後，才慢慢在香港市場抬頭，「HK Brewcraft」便是其中一員，他們是專門販售及教授釀製手工啤酒的樓上店。店內除了售賣多個國家的啤酒和釀製啤酒的材料，亦會定期舉行試酒會及工作坊，來帶動手工啤酒的熱度。現時在香港比較知名的手工啤酒牌子有「少爺」、「門神」和「麥子」。

〈 販售自釀啤酒禮盒 〉

其中少爺和門神的手工啤酒，味道平衡，不花巧，品質長期保持水準，是店主認為值得一試的香港啤酒。另外，據說香港的天氣變化對釀酒沒有多大影響，反而溫度的掌控是在釀酒過程中，需要特別留意的部分，而恆溫方法各有不同，不論是浸水桶、冰箱冷凍、冷氣調溫、採用水冷機器或恆溫設備都沒有問題，最後能調製自己喜歡的口味便可，這也是店主認為釀製啤酒好玩的地方，因此「HK Brewcraft」還會售賣自釀啤酒的禮盒，讓客人可以在家中感受釀製啤酒的樂趣。

〈 每月有主題試酒會 〉

啤酒禮盒內有完整釀製啤酒的材料、工具和步驟說明書，讓初次嘗試的朋友，可以容易學習到如何釀酒。如果不知選擇哪種大麥和酵母來調配口味，可直接告知店內職員你想要的味道，讓他們來幫忙選料。而每月的其中一個週末中午，「HK Brewcraft」都會舉行主題試酒會，品嘗 6 款口味迥異的啤酒，導師更會詳細講解如何分辨啤酒種類。試酒完畢後，則可到店內參觀選購不同國家的啤酒品牌。

1. 不要以為這部麥芽手動研磨機是裝飾用的，店主在發生突發狀況時會用它來打磨麥芽／ 2. 店主購入很多不同麥芽來調校啤酒口味／ 3. 店內每月都會挑選幾款啤酒推薦給客人

私家推薦

少爺啤酒與門神啤酒

少爺啤酒（左）的老闆曾經贏得香港自釀啤酒節的冠軍，門神啤酒（右）則是由一對夫婦創立，兩個品牌都是小本經營的本地啤酒廠。

Collection de Vignobles

自然系

Infomation

地址 香港堅尼地城加多近街 71 號　**電話** 2817-2112　**時間** 週二～週日
11:00 ～ 00:00　**價錢** 每人平均消費約 $300 ～ $500　**特色餐點** 原隻科
士龍蝦配法國鵝肝煮鮮湯料 (2 人份) $668 ／傳統法國芝士蛋餅 $98 ／
法國傳統紅酒燴香梨 $82　**交通** 港鐵堅尼地城站 C 出口，步行約 5 分鐘
網址 www.collection-de-vignobles.com.hk　**MAP** P.26

佳餚美酒當前，享受法國小鎮主題之夜

〈 米其林主廚操刀的料理 〉

　　曾在法國短居的老闆 Stella，因念念不忘法國的美酒佳餚，便
與在港居住的法國一星米其林廚師合作，經營一間主打地道家
鄉菜的酒菜館。Stella 在法國居住期間，常常會到法國不同地區
的酒莊和餐廳試酒和品嘗地道菜色，逐漸領略到法國的小鎮情
懷，回港後打算把這段人生旅途的記憶延長，建立自己的小廚

1. 菜館主要是以飲酒為主，
如不勝酒力，這裡也可以
點半支酒的分量來與幾位
朋友一同品嘗 (圖片提供／
Collection de Vignobles)

適合女性的法式芝士蛋餅配紅酒
傳統法國芝士蛋餅其實是一款配酒的小食，但以女生吃東西的分量來說則足以飽肚，
非常適合配搭薄身的紅酒。

房，品嘗回憶的味道。菜館提供午餐及晚餐菜單外，在週末會有法式傳統早午餐，閒時也會不定期舉行品酒及「芝士」(起士)之夜。

〈 品味酒莊直購的優質紅白酒 〉

菜館有多款法國紅、白酒提供，其中有 20 ～ 30 款由老闆直接從法國的酒莊進貨，部分酒莊更是熟稔的朋友，品質有一定的保證。Stella 以其經驗解釋，法國酒最大的優點，是所有釀酒工序和用料都是沿用傳統做法，過程嚴格和講究品質。她建議冬天可以飲一些較厚身的紅酒來暖胃，夏天因為炎熱氣候會影響胃口，所以最適合品嘗較薄身的紅酒來搭配食物，避免油膩感過重。由於是從酒莊直接進貨，價錢也不會定得太高，一瓶紅酒的最低入門檻大約 250 元，價格相當合理。

〈 在法國也吃不到的小鎮菜色 〉

菜色方面以法國的傳統家鄉菜為主，食材大部分是法國進口，蔬菜則採用香港的有機菜，其中幾款的招牌菜更是廚師的嬤嬤流傳下來的食譜。傳統法國「芝士蛋餅」便是其中之一，它是一款法國家鄉小食，每個地方做法都略有不同，有的會在芝士蛋餅加入肉類和火腿的食材，這裡則只有蛋和芝士的材料，著重於兩者味道的平衡感。另一款家鄉菜譜是法國傳統「紅酒燴香梨」，就算你曾到法國旅行，也未必嘗過的菜色，這便是店主想帶給客人的家鄉口味。

2. 這是法國的有機紅酒，酒身乾淨、沒有苦澀味，是很好的一款入門紅酒／3.「原隻科士龍蝦配法國鵝肝」是菜館的招牌菜，隨餐會附送正宗的法國麵包一籃 (圖片提供／Collection de Vignobles)

私家推薦

傳統法國芝士蛋餅

這是一種法國鹹餅，與我在法國旅行時吃的芝士蛋餅相比，少了一份油膩味。

關於灣仔，
其實……

石水渠街、太原街和星街呈現了兩種極端的香港，就是最地道和最不像香港的街道。

石水渠街與太原街相距只有 5 分鐘的路程，連貫著灣仔的市井文化。石水渠街最聞名的便是藍、橙、黃屋，它們都是香港的歷史建築群，也是現存尚有陽台的舊式唐樓。與石水渠街相近的太原街又叫作「玩具街」，因從很早以前這裡滿街都是售賣玩具的店鋪而得名，玩具店外面便是一排排的綠盒子排檔。

至於慵懶的星街則與香港急速的節奏非常不一致，這裡的街名是取自三字經的「三光者，日月星」。自成一角的隱密街巷，有著很多風雅小店，如：生活雜貨店、懷舊店、畫廊和咖啡室等。

灣仔星街

N

金鐘 ✷
✷ F
金鐘道　金鐘道

軒尼詩道

太古廣場AMC戲院

太古廣場商場

香港港麗酒店

正義道

法院道

太古廣場3期

nlostnfound

利記士多

星街

聖母聖衣堂

Odd One Out
X {sfs} Café

洪聖古廟

50公尺

灣仔區

N

港灣道

港灣徑

告士打道

謝斐道

駱克道

銅鑼灣廣場一期

B ✷ ✷ C ✷ 銅鑼灣

告士打道

菲林明道

謝斐道

駱克道

柯布連道

軒尼詩道

艺鵠
舊課本　富德樓

灣仔道

✷ C　電腦城

灣仔 ✷　✷ A4
✷ A5
✷ B2　✷ A3

譚臣道

修頓球場

金鳳茶餐廳

太原街排檔

舊灣仔郵政局

灣仔街市

皇后大道東

橙屋

藍屋

堅尼地道

香港故事館(黃屋)

100公尺

富德樓

Infomation

地址 香港灣仔軒尼詩道 365-367 號　**交通** 地鐵銅鑼灣站
B 出口，步行至天樂里，約 10 ～ 15 分鐘　**MAP** P.45

隱藏民居大廈之中，
孕育本土藝文的新基地

可搭電車串聯其他景點

「富德樓」前身是一幢位於銅鑼灣與灣仔之間，樓高14層的商住唐樓。在一次本地藝術文化論壇當中，「艺鵠」創辦人說到香港最缺乏的就是藝術創作空間，當時富德樓業主恰巧在場聽到這番話，便主動聯絡「艺鵠」的創辦人，提出把該幢大廈改變用途，以低價租予給不同的藝文單位，以行動支持本土的文化藝術，並由「艺鵠」以管理者身分處理各藝文單位事項。富德樓自始成為藝術家的聚集地，不同類型的藝術創作，都可以在這裡找到。

現在的富德樓，已漸漸成為香港人的週末休閒地。記得第一次來到這裡，走上大堂看見一個大型木製寫著「富德文化藝術小社區」的樓層牌，每個藝文單位都會在此放上自製的門牌，透過這個樓層牌，便可預知各樓層共約20個藝文單位的風格。「一梯兩伙」（一層樓兩住戶）樓層設計的舊式唐樓，讓各單位多了一份守望相助的鄰里關係，平時若有事情需要應急，他們都會選擇先向左右鄰里查看是否可以借用，這樣既可節省時間又可減低成本開支。

而來到富德樓，我第一站的目的地，都會選擇協助此處孕育本土藝文的「艺鵠」。

1. 看慣了大型商場的樓層牌，望著這個人性化的小社區木牌，有種久違的人情味／2. 題外話，唐樓的鐵筒信箱比起現在私人住宅的信箱容量更大

艺鵠

藝文青

富德樓

Infomation

地址 香港灣仔軒尼詩道 367 號富德樓 14 字樓 **電話** 2893-4808 **時間** 週二～週日 12:00 ～ 19:00，週一休息 **交通** 請見富德樓 (P.46) **網址** www.facebook. com/ArtandCultureOutreach **MAP** P.45

書本、展覽、食事，
小眾藝文的重要推手

體驗天然食材的原味，支持本地藝文的發展

艺鵠食事體驗沒有定價，伯有建議捐款，所有捐款將會用作支持富德樓的發展和其他藝文活動。

〈 結合茶飲餐食的書店 〉

「艺鵠」是一間可以讓人坐下來啜一口茶的文化書店，在這裡不必顧慮要跟人爭書爭座位的情況，遇到不太熟悉的書類，可以先試閱後購買，遇不到喜歡的書，也可以看看由本地獨立創作人製作的藝文作品，有音樂、手作、畫品和一些日記類雜誌。假若你只想找個閒靜的空間享受美食，也可以參與這裡的「艺鵠食事」，感受本地食物的鮮味。

〈 蒐羅各地小眾文學書籍與音樂 〉

「艺鵠」的書種主要分成兩大類，第一類是文史哲的英文書，第二類是華文文學書。大部分書類是不經發行商，以獨立方式的出版人為主，是一些在市場上被忽略的文學書，像有香港、台灣、新加坡、中國等地的書籍。除此之外，「艺鵠」與廣州的出版社合作，購入翻譯小說和法國新小說類。本地獨立的音樂人或組合自資出版的唱片、手創作品，一樣可以在這裡找到。而書店的另一邊是開放空間，晚間會有不同類型的藝文活動，日間部分時間會用作「艺鵠食事」的藝術食物體驗。

〈 品嘗自種自採的天然蔬食 〉

「艺鵠食事」源自大自然的永續概念，基本上是一個食物循環的體驗，以及以自身開始去愛護地球為訴求的活動。天台菜園種植的蔬菜會由艺鵠的廚師創作菜色，嘗試用沒有加工的食材，讓食客重新認識食物中的原材料，剩下的廚餘會拿回天台堆肥。由於菜園供應有限，每星期只會有大約 3 天的時間用作艺鵠食事的體驗，每次的食事菜單會放在臉書，有興趣的朋友可預先報名。沒有艺鵠食事活動的日子，上來看書的朋友也可以在有機全素的食物檯，沖一杯有機花茶再參觀書店。

1.2. 艺鵠分成兩邊，左邊是開放空間，訪客可以自由捐獻方式享用有機全素食物和飲品，右邊是書店和原創作品寄賣區／
3. 這張是由香港中文大學藝術學生 AMA 創作的作品

❸

舊課本

Infomation

地址 香港灣仔軒尼詩道 367 號富德樓 10 字樓
時間 週六～週日 14:00～19:00 **價錢** 免費參觀
交通 請見富德樓 (P.46) **網址** www.facebook.com/oldtextbooks **MAP** P.45

翻開課本，
分享彼此的校園童稚時光

臉書留意跨界展覽資訊
展示館不定期會有跨界的展覽限定，形式、主題、地點都沒有規範，
只要留意他們的臉書便可知道最新資訊。

〈 1960 ～ 80 年代的校園回憶 〉

「舊課本」顧名思義就是展示不同年代的舊課本，館內主要收集 1960 ～ 80 年代出版的香港課本，但這裡的展品卻不限於書本，只要是跟學校有關連的物品，在這裡也可以看到，畢竟校園所包含的不單是學習，還有整個童年的生活回憶。最特別是這裡沒有正規展覽館的導賞服務，沒有展品名牌，也沒有資訊檔。參觀者有時甚至充當展示館的導賞員，訴說課本當中的故事和回憶，正因為館主不可能經歷所有年代的校園生活，他可以從參觀者的角度去理解不同學生時代的故事，各自交換心得。

〈 從舊課本看香港變遷 〉

相信來參觀的探訪者和館主自己本身，當年未必是愛讀書的小朋友。課本內容根本不是他們欣賞的重點，就如館主陳智聰先生特別喜歡 70 年代課本的手繪插圖，用水彩繪畫來表達的抽象意念尤其傳神，像朋友的相親相愛和家庭的和樂融融，圖畫比相片更能讓人代入角色。而 1960 ～ 80 年代是香港課本變化最大的時期，由黑白印刷、漸漸加插彩色頁面，到後期以相片輔助的傳真版本，同步反映出香港的社會轉變。

〈 反映英國殖民的香港面貌 〉

在參觀展示館的過程中，其實不難看出館主真正想展覽及分享的是讀書時期的青春年代。這些舊課本所承載的內容，固然是具有真確性的香港資料，但在課本內的圖片當中，可讓人看到更多反映出強烈英國殖民色彩的香港面貌，例如以前香港殖民地年代的英式皇冠郵筒，現在則已被重新設計為綠色的方型郵筒。如果想以另一種方式體驗香港，不妨在參觀時看一下課本中的舊香港景物，再與現在的香港作一個前後對比，便會看到一些有趣的發現。

1. 這裡擺放展品的種類已多如一間學校，由學生的日常文具、課室的教材、教師辦公室的掛飾、以至運動會的獎杯都能看到／ **2.** 館主課本藏量甚多，他會不定時轉換課本類型和物品。另外，展館內的桌椅，部分是由政府捐贈的（圖片提供／舊課本）／ **3.** 英國統治時期，英語是學校的必修科目／ **4.** 當年在上、下課時，國小的志工都會在馬路旁拿著停車的展示牌，讓學生安全過馬路，免生意外

藝文青

利記士多

Infomation

地址 香港灣仔星街 2A 號星月閣 N 號地鋪 **電話** 9705-7772
時間 週二～週四 12:30~19:30，週五～週日 11:00~20:30
交通 港鐵金鐘站 F 出口 (太古廣場)，右邊玻璃門沿永豐
街往上走至星街，步行約 10 分鐘 **網址** www.facebook.
com/leekeestore **MAP** P.45

最傳統與最新潮，
文創品牌進駐的老士多

在美麗環境中體驗藍染趣味

店主 Karen 在片藍造工房都會定期開辦天然藍染的工作坊，知名品牌資生堂都曾在這裡進行專業
圍裙訂製染色，場地也曾租用給巴塞爾藝術展 (Art Basel) 作為展覽素材，如有時間的話，可以到
大嶼山走一趟，欣賞美麗的自然環境兼學習天然藍染技巧。

〈 傳統士多變為藝術平台 〉

「利記士多」是灣仔的一間傳統街坊士多，售賣飲品、香煙和零食等東西，店鋪面積不大，大概只可容納 4、5 個人。士多是很多人的童年回憶，學生放學後都會喜歡在士多買零食玩扭蛋機，但自超級市場盛行後，士多便開始衰落。「利記士多」是由老闆的媽媽承傳下來，到了他這一代，前路未明朗之際，老闆的女兒 Karen 從英國畢業回港，把士多的一半鋪面用作本地的藝術平台，以另一方式與父親經營的士多合作，在保存士多的傳統功能之下，開闢另一種運作模式。

〈 販售本地文創商品 〉

Karen 在英國修讀設計課程，認為新舊事物不一定是站在對立層面，反之兩者融合更能體現一加一大於二的效果，所以她積極活化士多空間，把原本是放貨的層架，加入了本地創作人的作品售賣，有明信片、畫作、藍染袋、乾花、酒樽燈和首飾等。她的活化概念也吸引到幽默風格的美國品牌 Blue Q進駐，它以環保再生材質製作的米袋，以及皂類和鐵罐都可以在這裡找到。Karen 與友人創立的「片藍造」品牌貨品，也在此販賣。

〈 自製天然藍染衣飾 〉

片藍造的工房在大嶼山的郊區內，它是一間天然藍染布工房。其實很多地方都會有天然藍染，重點都是以該地區的大自然材料，就地取材提煉成染液，製作出無害染布。製作染液的材料也很簡單，把柴木燒完之後的石灰、幫助黏合效果的庶糖、具有發酵功能的米酒、用來提煉顏色的藍草植物和混合山水成分的鹼水，製作成染液後，進行漂染，做成不同的藍染圖案。他們用藍染製成的袋和圍裙等作品，都可在利記士多買得到。

片藍造月亮袋

月亮袋便是採用了片藍造的天然藍染技術，用了 4 種不同布料質地，再於內袋做了夾染圖案，就好像是把月亮藏在口袋裡一般。

1. 美國品牌 Blue Q 的小袋是以回收的米袋製作而成，再加入有趣的設計，表現其幽默風格，收益的百分之一會捐給大自然保護協會作慈善用途／ **2.** 士多裡的一角是 Karen 的日常工作間

Odd One Out Ｘ ｛sfs｝Café

Infomation

地址 香港灣仔聖佛蘭士街 14 號地舖　**電話** Odd One Out：2529-3955 ／｛sfs｝Café：2527-7898　**時間** Odd One Out 週一～週六 12:00 ～ 19:30，週日 12:00 ～ 19:00 ／｛sfs｝Café 週一～週五 08:00 ～ 18:00，週六、日 10:00 ～ 19:00　**交通** 港鐵金鐘站 F 出口 (太古廣場)，右邊玻璃門沿永豐街往上走至星街，穿過左邊的小公園至進教圍，門口就在斜坡樓梯附近，步行約 10 ～ 15 分鐘　**網址** www.facebook.com/oddoneouthk ／ www.facebook.com/st.francis.st　**MAP** P.45

藝文青

視覺與味覺的雙重享受，
畫廊中的藝術咖啡館

店家兩入口，留心別錯過

「Odd One Out Ｘ｛sfs｝Café」其實有兩個入口，最近馬路的是 Odd One Out 的門口，若 Odd One Out 未開店，可再往上梯級步行，便會看見一個花園後門，這個便是｛sfs｝Café 的門口。

〈 在專業藝廊品嘗咖啡 〉

灣仔的聖佛蘭士街是一條僻靜街道，這裡完全沒有香港急速的人潮，環繞著的都是重視生活態度的個性小店，隱藏在斜坡舊樓內的「Odd One Out X {sfs} Café」便是其中一員。Odd One Out 本身是一間藝廊，主要展覽及售賣插畫類型的版畫；{sfs} Café 是一個主張休閒生活的咖啡店，兩位主理人因理念相近而結合成為一間藝術咖啡店。

〈 平價版畫的售賣與推廣 〉

藝廊的主理人 Phemie 之前在英國從事絲網印刷工作，回港後發現很多人對版畫印刷的認識甚少，加上藝廊一向給人嚴謹、拘謹、昂貴的印象，為了打破藝術既有的高冷形象，便開了一間售賣小型家用品和插畫類型的版畫的小店，讓人在歡愉的逛街心情下，以更輕鬆的方式去欣賞及了解插畫和版畫印刷作品，價錢由港幣幾十至幾千元都有，是大部分人都負擔得起的價格。

〈 本地設計的 3 位插畫師 〉

藝廊每年也會舉辦 5 ～ 6 個的展覽，主題或方式都沒有設限，但主要是展出本地和外國插畫師的版畫。而售賣的版畫當中，香港的本地設計有如：Onion Peterman、

這裡看似是精品店的空間，其實同時是版畫的展覽區，如對版畫有興趣，可以請店鋪職員介紹，因為職員本身也是一位藝術家

Kylie Chan 及 An Gee Chan。他們畫風各有不同，Onion Peterman 以香港本土題材為主的 Zine 和版畫，Kylie Chan 則喜歡繪畫黑白生趣人物的 Zine 和版畫，An Gee Chan 走的是比較偏向傳統的藝術風格。很多人對於 Zine 可能有些陌生，它其實是藝術家們自費出版的限量自製的小書本，內容上非常自由，可以是生活記趣、手繪插畫或任何形式的分享。

〈 在後花園悠閒品飲 〉

至於 {sfs} Café 的主理人 Shandy，她本身是香港的一位創作歌手，希望把東倫敦街頭咖啡店的休閒氣息帶到香港。店內提供義式咖啡、單品咖啡、巧克力和茶類飲品。主理人偏愛淺焙至中焙的咖啡豆，希望客人不用加糖也可喝到咖啡豆本身的甜味、品嘗到咖啡的餘韻。室內、外合共約有十多個座位，大部分客人都喜歡坐在種滿植物盆栽的室外，感覺有如在自己的後花園中歡茶。

〈 精緻清雅之單品咖啡 〉

最特別的是他們所售賣的單品咖啡豆會時常更換，讓客人不定時可以嘗試到新口味。這裡的單品咖啡以手沖的方式為主，首先會把咖啡豆攪碎，再篩走咖啡豆中皮和殼的部分，減低苦澀味。手沖的咖啡是一種較清雅的味道，不是那種暴衝的濃郁咖啡味。另外，這裡也有售賣冷泡咖啡，每瓶都用了傳統滴蠟封樽，作為手信也是一個不錯的選擇。

私家推薦

手製陶瓷飾物

這裡的飾物偏向藝術風格，不走速食的時尚流行文化路線，任何時候配戴都能彰顯個人品味，永不退潮。

單品手沖咖啡

不同於強調混搭層次感的義式咖啡，單品咖啡主要是品嘗咖啡豆的回甘餘韻，店內咖啡豆不定期更換，試試你會喝到什麼咖啡吧！

1. 這裡售賣的精品包括有：手製陶瓷、心意卡、飾物和插畫坐墊等／2. 這樽是朋友寄賣的冷泡咖啡，必須長期放在冰箱冷藏／3. 咖啡店其中一個主理人是建築師，所以一磚一木都經過細心設計，放在店內的木吉他是真的可以讓客人彈奏的

太原街排檔

Infomation

地址 香港灣仔太原街　**時間** 每日 10:00 ～ 19:00(約略時間，攤檔各有不同)　**交通** 港鐵灣仔站 A3 出口，步行約 5 分鐘　**MAP** P.45

綠盒子裡的舊街坊、好工藝與老時光

老排檔有新貨色

太原街的排檔不只有老檔主在這擺檔，其中有一對姐妹花在此擺賣自己手作的飾物和草帽，感覺上其實排檔與現時流行的手作市集擺賣方式沒有兩樣。

〈 專賣限量懷舊玩具 〉

太原街又名「玩具街」，是一條見證灣仔今昔的小街。太原街左右兩旁都是專營玩具的店鋪，話說早期有兩夫婦在這裡擺檔賣鐵皮玩具，吸引了很多客人，人流越來越旺之後，便長期租鋪專賣玩具，其他檔販有見於此，紛紛仿傚開設玩具店，成為日後的玩具街。現在的玩具街仍有很多賣玩具的店鋪，但隨著科技不斷進步，這條街現已變成賣懷舊玩具的地方，部分店鋪還可找到限量版模型和玩具。

〈 朝桁晚拆的露天市集 〉

兩旁玩具商店中間的行人路便是一整條的排檔區，剛開始的時候，排檔沒有規定經營類別，什麼都可以賣，到太原街收樓重建後，排檔只可以販賣各式精品、雜貨等東西，而排檔都會在晚上7、8點前收攤，翌日中午前再重搭做生意，所以排檔是一種朝桁晚拆的攤檔。這裡所售賣的貨品種類也很多樣化，有圖章、卡片印刷、衣物類、手作飾物、海味、五金、精品、手機殼和學生用品等。

〈 街坊情誼深厚的乾貨店 〉

蔡太在灣仔區做了幾十年排檔，由於地方重建以至常被迫遷，最後於太原街落腳，與街坊和附近的學生建立了深厚感情。公公婆婆閒時會過來問候聊心事，媽媽輩的街坊會來聊煲湯，年輕的學生經過會打招呼。掛在蔡太排檔頂的勞作招牌，就是學生的傑作。攤檔賣的大部分都是香港的乾貨海味，有冬菇、臘味、瑤柱、蠔豉、鹹魚，而八爪魚和魚仔更是找相熟的海味店幫助曬乾。

〈 港府高官指名的圖章店 〉

另一檔「錦波印務」的倫伯則繼承了父親的手藝。錦波是倫伯父親的名字，最初以月餅模起家，現在專注圖章、印章和印製卡片。倫伯本身有自己的印刷廠，因在這裡擺檔多年，已有一班熟客，早已超過退休年齡的他，現在可以說是找藉口來這裡與老友談天聚舊。雖然是一間小小的店鋪，然而有很多政府高官都會專程來找倫伯印製卡片，品質依然是他所堅持的原則。

〈 傳承白鐵工藝的勝利號 〉

　　白鐵行業日漸式微之際，可在太原街找到灣仔區內僅存的打鐵師傅。陸師傅跟同是太原街出身的白鐵師傅學習打白鐵，「勝利號」就是當時師傅留傳給他的排檔。以前白鐵興旺的時期，家家戶戶都會用白鐵打造的日用品，現在主要做冷氣機底盤、風嘴和風喉等零件。曾經也有人想借用師傅的打鐵機器放在博物館展覽，但對陸師傅來說，它依然是用來謀生的工具，並不是一個歷史回憶。

1. 早上 7、8 點是太原街最安靜的時候，中午開始，這裡便人來人往／**2.** 蔡太的排檔不是最早期的規格類型，在厚厚的鐵皮下，就算有電風扇也不能消除悶熱／**3.** 翻新後的排檔會以顏色來分辨，由最初的深綠色變成現在的青綠色／**4.** 師傅也會接一些焊接工作，就如圖中正把兩個鐵車焊接，方便工人可以一次移動大型垃圾，這也是一種民間智慧／**5.6.** 排檔賣的乾貨與街市的種類沒有分別，但排檔賣的價錢有時可能會較便宜

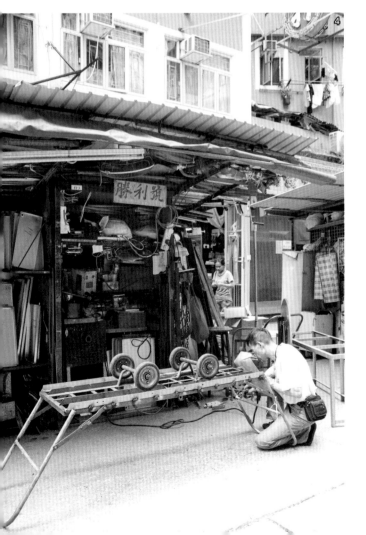

香港故事館

Infomation

地址 香港灣仔慶雲街 4 號地鋪（黃屋）　**電話** 2835-4372
時間 週一～週日 13:00 ～ 17:00，逢週三及公眾假期休息
價錢 免費　**交通** 港鐵灣仔站 A3 出口，沿太原街直走至皇后大道東，過馬路後直上石水渠街左轉至慶雲街，步行約 15 分鐘　**網址** houseofstories.sjs.org.hk　**MAP** P.45

在保育樓宇裡，
領略舊年代的市井況味

暫置黃屋的香港故事館

「香港故事館」原址是在石水渠街 74 號的藍屋，因藍屋需要進行復修工程，暫時遷往至慶雲街的黃屋，工程預計在 2017 年完成，但未確定完工日期，如到達黃屋時看不到香港故事館，可到隔壁看看故事館是否已搬回藍屋。

〈 政府保育的歷史建築 〉

　　石水渠街有 3 幢的舊式建築群特別顯眼，它們的外牆被油刷成藍色、黃色及橙色。不知道原由的人以為這是特意用顏色來區分的保育樓宇，然而早在被政府撥入保育建築群之前，已經被刷上顏色。由於 3 幢都是舊式唐樓，需要重新修葺，每幢翻新的樓宇都會油刷顏色來分辨，最早被修葺的藍屋，因當時的油漆工人手上只有藍色油漆，所以順理成章變成是藍色的外牆。直到今天，仍居住於此的舊居民，彷彿與這幢舊式唐樓一同被封存，成為保育範圍的一份子，這種觸得到、看得見的歷史痕跡，與參觀博物館相比，更具真實感。

〈 早期唐樓代表：藍屋 〉

　　藍屋是 3 幢之中最多人認識，這是因為它是年資最長的唐樓建築。樓高 4 層的藍屋，是少數有露台、嶺南建築特色的唐樓，屬於「一梯兩伙」(一層樓兩住戶) 的建築間隔及剪刀型的梯級設計。另外，樓梯不能直接通往天台，需要通過其中一戶的廚房才能抵達；房子也沒有沖水馬桶設備，可見當時的居住環境是相當嚴峻的。現在仍有大約 8 戶人家留在此居住，不願搬離住了幾十年的舊居。關於以前這裡的社區故事和生活點滴，已放到「香港故事館」中供大眾參觀。

〈 有專屬值員介紹唐樓故事 〉

　　「香港故事館」擺放了很多以前的生活用品，最有歷史價值的，我想應是林世榮健身學院的證書，這是由黃飛鴻徒弟林世榮的姪兒——林祖開辦的武館所頒發。館內還有很多香港舊年代的黑膠唱片，想試聽的朋友，可請在場的當值員為你開機播放。在這裡當值的都是舊街坊，他們對灣仔區的人與事都十分了解，若想知道更多的藍屋故事，問他們準沒錯。

1. 灣仔利東街以前有一間活字印刷店，因重建要遷離灣仔，社區居民為了記錄執字粒的年代，搬出前拍下照片印製成明信片，現在這部活字印刷機變成歷史，在另一個地方展示／ **2.** 這個是由本地藝術家創作的藍屋立體街頭攝影，作品曾入選 2005 年香港藝術雙年展／ **3.** 橙屋興建於 50 年代，也是 3 幢唐樓之中樓齡最淺，橙屋後一條街便是藍屋及黃屋／ **4.** 牆上框起的便是林世榮健身學院的證書，還有當時的收音機和收銀機

nlostnfound

Infomation

地址 香港灣仔進教圍 3 號鋪 (聖佛蘭士街交界)　**電話** 2574-1328
時間 週一〜週六 12:30 〜 20:00，週日 14:00 〜 18:00　**交通** 港鐵
金鐘站 F 出口 (太古廣場)，右邊玻璃門沿永豐街往上走至星街，
穿過左邊的小公園盡頭即可到達，步行約 10 分鐘　**網址** Facebook
搜尋：Nlostnfound, a vintage shop near Star Street　**MAP** P.45

在歷史舊物中
尋回遺失的美好光陰

〈 售賣世界各國的歷史物品 〉

在灣仔星街轉角的小公園盡頭，會看到一間透明落地玻璃的懷舊店，簡單又易懂的店名「nlostnfound」，就是失去再尋回的意思。櫥窗前放滿很多不同年代的物品，它們都是從不同國家搜索得來、具有歷史價值的舊物。走進店內便會發現，店主特別鍾情於歐洲上兩個世紀：英國維多利亞時期、中國清末民初年代的古物，以及 50 〜 70 年代的美國玩具和德國 30 〜 70 裝飾藝術年代的機械鐘及燈飾。

1. 店鋪地方不算大，但每樣古董都放得井然有序／ 2. 在懷舊的收音機上放一個健美先生玩具，感覺店主應是幽默之人

2

聆聽商品背後的故事

店內舊物買回來後都會仔細清理和小心保存，因此款式雖年代久遠，但質感依舊如新。當與店主聊天時，便會發現她對每件舊物的歷史和故事都瞭如指掌，就算在這裡遇不到心頭好，也會滿載而歸。

〈 店主年年外出蒐羅新品 〉

店主對舊物的喜愛是受兩位前設計公司老闆薰陶，後來因緣際會之下便開設了這間以售賣舊物為主題的小店。正因為它們能夠經歷歲月考驗，有延續留存的價值，讓店主堅持每年至少一至兩次到外地發掘這些歷久彌新的舊東西。奇怪的是，本以為這裡只是收藏外國舊物的店鋪，卻也可以找到香港非常珍貴的物品。

〈 香港出口的年代舊物 〉

原來這些在店內所擺放的香港舊物，大部分都是在國外搜購期間意外發現而買回來的，這有賴於進出口貿易業在香港 50 年代的急速發展。以 60 年代為例，塑膠製品業是當年香港最炙手可熱的時期，產品除了在香港售賣外，很多都會海外直銷，所以現在若在外國搜索舊塑膠玩具或製品時，看到背面寫着「Made in Hong Kong 或 British Colony of Hong Kong」，便是當年輸出國外的產品。在安排行程時，可考慮穿插一些香港新興的百貨公司和像「nlostnfound」般售賣舊物的小店，領略一下新舊年代交替的香港時光。

3. 香港日占時期，日本領事館內部所繪畫的香港地圖。這幅是其中一段由中環至維多利亞港的地圖／ 4. 香港旅遊協會在 50 ～ 80 年代期間，曾與各香港酒店合作推出了本地旅遊書，放在酒店房內讓遊客翻閱，遊客也可把它拿回國留作紀念／ 5. 由收藏愛好者提供的巴士車票。香港早期是以套票方式購買車票，每搭一次巴士便扣一張，而部分人會留下屬於自己幸運數字的票根作保存

私家推薦

1970s Made in Hong Kong Cake Toppers

這些蛋糕裝飾，是當年輸出外國而沒有在本地售賣的膠品，彷彿因此不經意地封存了香港當年的舊好時光。

關於銅鑼灣、跑馬地、炮台山，其實……

早年的銅鑼灣是日資百貨公司的集中地，因此曾有小銀座、小日本之稱，現在則成為聚集國際品牌的商店街。但這些名店都不會是香港人常去的地方，反而一些樓上店和小街的地鋪才是市民日常購物和消遣的處所，如購買文具會到銅鑼灣中央圖書館旁的文具店，學生下課後會到樓上店玩現時流行的雷射槍和賽車遊戲。

而距離不遠的跑馬地是一個環境僻靜的高級住宅區，近年也漸漸被開發成藝術文化區域，攝影博物館是第一批進駐這裡的文化單位。炮台山則是一個面積很小的舊區，沒有大型商場，一幢紅磚建築組成的藝術空間是該區的地標，酒店和食肆大多聚集於紅磚屋附近，約只消一個上午不到便可逛完整個炮台山區。

跑馬地區

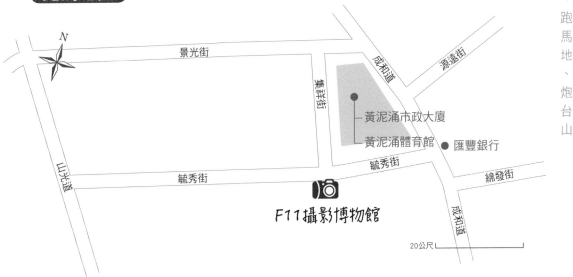

景光街

集祥街

成和道

源遠街

黃泥涌市政大廈

黃泥涌體育館　● 匯豐銀行

山光道

毓秀街

毓秀街

綿發街

成和道

F11攝影博物館

20公尺

炮台山區

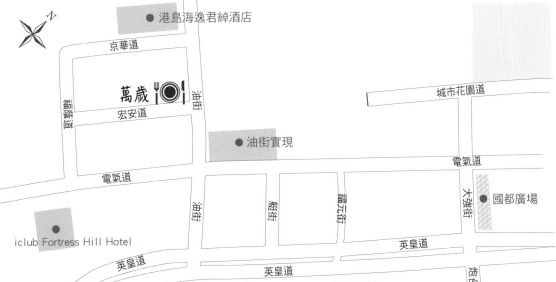

港島海逸君綽酒店

京華道

福蔭道

萬歲

油街

宏安道

城市花園道

油街實現

電氣道

電氣道

油街

艇街

福元街

大強街

國都廣場

iclub Fortress Hill Hotel

英皇道

英皇道

英皇道

炮台山道

北角城中心

炮台山　❊

❊A

50公尺

Lasermads

Infomation

地址 香港銅鑼灣怡和街 2-6 號英光大廈 11 樓 　**電話** 2343-3033
時間 週一～週五 15:00 ～ 00:00，週六～週日 12:00 ～ 00:00
價錢 會員 $98(一節遊戲)／非會員 $118(一節遊戲)／會員
$158(兩節遊戲)，每節遊戲 20 分鐘　**交通** 港鐵銅鑼灣站 F1 出
口，步行約 5 分鐘　**網址** www.lasermads.com　**MAP** P.64

//// 02 GEAR

體驗港片槍戰刺激感，
諜對諜獵殺槍擊任務

〈 敵我不分的太空對壘任務 〉

　　幻想你現在身處於一個伸手不見五指的太空艙內，遠方傳來漸漸逼
近的腳步聲，而且越來越密集，在不知是敵是友的情況下，你會想用
手上的槍攻擊他們，還是與他們聯盟，一同離開太空，回到地球？這
不是一個電影場景，而是在「Lasermads」鐳射槍遊戲當中的對戰情景。
最多 12 人的對戰遊戲，你可以選擇單人應戰、與其他人聯盟組隊或擊
倒對手進行身分對調的遊戲模式。

優惠小撇步，玩 Game 輕巧省

如果入會成為會員，可享會員優惠價玩遊戲，入會方法也很簡單，
只要到場後即時 Like 他們的臉書，便可以拿到他們的會員卡。

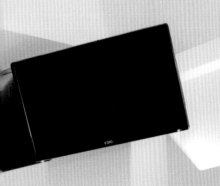

〈 爭取得分的致勝關鍵 〉

在對戰的過程中，你要穿上附有感應器的背心，只要被對方連續擊中背心的前面、背面及兩肩 3 次，能量值便會耗盡，需要等待 10 ～ 12 秒，待充值完畢後才可再次對戰。每支槍都有兩種射程武器，第一種是遠紅外線 Phaser，能作出遠距離射擊，另外一種是廣角紅外線 Blaster，是放射性的射擊武器，可同一時間擊中多個對手，越能運用兩種武器的特性，勝出機會越高。對戰完畢後，可在電子計分板上看到各人的總積分及排名。

〈 墜進多個鐳射槍戰場景 〉

「Lasermads」有多款的對壘槍戰遊戲模式，固定的遊戲模式有獨立和隊伍對戰。獨立對戰是每個人將以個人方式對壘，不能與其他對手結盟，以個人積分來決定最終排名。隊伍對戰是以最多 12 人的參戰方式，分成 2 ～ 4 隊來進行團體對壘。另外兩個期間限定分別是特工和鬥士遊戲。特工遊戲會把玩家分成特工和平民兩組，當平民擊倒特工後，便可以進行身分對調。鬥士遊戲是沒有隊伍之分，所有玩家都是敵人，得分越高，等級越高、武器越強，但被敵方擊中之後，被扣的分數會令你再次降級，回到原位。「Lasermads」會陸續推出多個對壘模式，帶來更多槍戰的新鮮刺激感。

高科技對戰基地，宛如香港警匪片的刺激槍戰（圖片提供／Lasermads）

兩方人馬備戰 未進行對戰前，在接待處的太空艙場景等候，已讓人開始蘊釀對戰氣氛

取用裝備 槍戰基地完全仿照了科幻電影的場景，每個裝備都有夜光功能

進行遊戲說明 在進行遊戲之前，會有一段遊戲說明，解釋遊戲玩法和配槍的運用

Fight！ 在漆黑的環境中，你只能靠些微的線索分出敵友，稍一不慎就會被完全擊倒

文簿具社

Infomation

地址 香港銅鑼灣摩頓臺灣景樓 6A 地鋪（中央圖書館側） **電話**
3565-6455 **時間** 週一～週日 13:00 ～ 21:00 **交通** 港鐵天后
站 B 出口，往維多利亞公園方向直走，望見左手邊的中央圖書
館，再過對面馬路，步行約 10 ～ 15 分鐘 **網址** www.facebook.
com/journalize **MAP** P.64

充滿熱情與理想的
世界文具商鋪

可上臉書了解文具特色

每件產品都是老闆親自訂購及試用過，所很清楚每件產品的生產地、設計及特色等。
老闆會在臉書上介紹貨品資訊，購買前可先查看對哪些商品感興趣。

〈 價錢與實用皆宜的特色文具 〉

開店要勇氣，尤其是開一間不太會賺大錢的文具店，靠的便是一股腦的衝勁和對文具的熱情。「文簿具社」的老闆在 19 歲時放棄了香港首屈一指的明星大學學位，開了「文簿具社」，為的只有一個原因，就是想賣一些「香港不容易找到的文具」。但他不是一個文具收藏控，他更喜歡的是探索每件文具背後的故事，在發掘過程當中，享受閱讀文具的樂趣。而這間店的宗旨是，販賣價錢合理、設計特別和兼備實用性的文具。

〈 簡約低調的黑色店鋪 〉

「文簿具社」位在銅鑼灣區相對比較寧靜的舊街之中，旁邊圍繞著的都是只有街坊光顧的小店，它黑色店面與簡約低調的設計，正好與旁邊的中央圖書館有連成一體的文化氣色，原本不起眼的黑色風格，因和附近的店鋪形成強烈對比，讓這間小店瞬間成為焦點。而店內所賣的文具，正好與整個鋪面設計非常吻合，文具都是從世界各地採購回來的，老闆大約每個月都會進一次貨。

〈 售賣世界各地文具品牌 〉

貨的來源頗為廣泛和特別，例如：曾經停產的美國 Blackwing 鉛筆，現由 Palomino 公司重新推出，有 3 種不同的硬度選擇；Tesla Amazing 出品的磁力便條，用靜電原理黏貼在不同牆身及桌面上，便條背面更可當作白板，任塗任擦，A4 大小的便條還可印刷海報；德國的兩用木質鉛芯筆，可配搭彩色鉛芯。另外，還有由喜愛追星的本地年輕攝影師拍攝的一系列的星空明信片。喜歡精緻文具的朋友，來這裡或許可找到一些從未見過的貨品。

1. 這裡有一套 30 種的沾墨筆尖，客人可按自己的程度或喜好購買筆尖的粗度，初學者可從幼細尖嘴開始練習／**2.** 在左上角的是德國的木質鉛芯筆，分別有六角型和圓型筆桿選擇；右上角的是黃銅筆盒和原子筆，會隨外在因素而變色；最下角的是中世紀發明的鉛筆，四百年後被人們復刻後以 Gessner 命名，再次發售／**3.4.** 這裡的層架、牆壁的顏色、擺設等都是老闆自己一個人親力親為完成的／**5.** 本地攝影師在零下 30 度的哈爾濱待了 3 小時，才拍出的美麗星空

F11 攝影博物館

舊情懷

Infomation

地址 香港跑馬地毓秀街 11 號　**電話** 6516-1122
價錢 免費 (必須預約)　**交通**　1. 港鐵銅鑼灣站 F1 出口，沿恩平道前往蘭芳道乘搭 30 號專線小巴，於成和道 (近奕蔭街) 下車，步行約 5 分鐘 ／ 2. 港鐵銅鑼灣站下車，轉乘計程車前往毓秀街　**網址** f11.com/home　**MAP** P.65

注意事項

1. 由於是私人博物館，只接受預約參觀，可以電郵、電話或在官網預約
2. 全程會有導賞員講解建築物歷史起源、設計、故事、復修過程，以及參展攝影師的資料簡介和展品介紹

捕捉瞬間光影，
構成一幀幀的永恆故事

亞洲攝影師主題分館

創辦人計畫於 2017 年，在另一個地方開設一間也以攝影為主題的博物館，這間主要會以介紹香港及亞洲攝影師作品為主，確實的開幕日期會於官網或臉書正式公布。

地下展覽區中間所擺放的銀色巨型 Leica 相機雕塑，是出自中國藝術家廖一百的作品，全球只有 3 個，其中一件在 Leica 總部

銅鑼灣、跑馬地、炮台山

'In "
is
sug
or c
clo

〈 預約制的私人博物館 〉

　　如果公營博物館展示的是一個地方的歷史變遷，那私人博物館所展示的便是一個地方獨有的人情味和文化特色。「F11 攝影博物館」的創辦人蘇彰德先生把跑馬地的一幢戰前舊樓，活化成其多年收藏的私人鑒賞館，展示世界級攝影作品。為了讓訪客可以細賞建築物的背後故事和攝影大師的作品，博物館會以預約參觀方式來控制人流，讓訪客可以有更多的想像和思考空間。

〈 當攝影嗜好變成藝術推廣 〉

　　至於為何會以攝影成為這間私人博物館的主題，那就要從創辦人蘇先生的興趣開始說起。他自中學時期已熱愛攝影，後來更不斷收藏各樣的相片、攝影書籍和相機，更希望把攝影所帶給他的視野與其他人分享。館內擺放的 Leica 相機便是他多年的珍藏，藉著如同 Leica 創造世界第一部 35mm 的相機理念，希望用創新的方式把跑馬山的裝飾藝術建築物與鑒賞館概念融合，將藝術層面的香港介紹給訪客。

〈 少有的裝飾藝術風格舊樓 〉

位於毓秀街 11 號的舊樓是在 30 年代建成,它是一幢樓高 3 層、裝飾藝術建築風格的樓宇,設計上揉合了傳統工藝意象圖案和機器時代的材料。整幢樓宇是一幅圖畫,每層窗戶形狀設計都不一樣,每一部分都是構成一幅圖畫的圖案。放射陽光、噴泉線、幾何圖形、對稱設計和流線的垂直線條,都是裝飾藝術常見的圖案。室內主僕設計的間隔,顯示當時住在這條街的住客都比較富裕。

〈 世界級攝影作品展覽場 〉

博物館的地下和 1 樓是以主題方式,定期舉行為期兩個月的世界級攝影作品展。訪問當天就是義大利攝影師 Paolo Pellegrin 的攝影展,博物館展出了 Paolo Pellegrin 攝影師用擅長的新聞攝影觸角,拍下影藝明星銀幕下真實的一面。1 樓近後面的休憩空間,擺放了攝影書讓訪客欣賞。2 樓是延續 1 樓的主題攝影展,中間的大廳位置會用作舉辦分享會和座談會活動。3 樓是 Leica 相機展示區和攝影藏書閣,也有展覽創辦人珍藏的其他攝影大師作品。博物館所展出的藏品,完全體現了創辦人對攝影的熱愛和專業知識,值得花上一整天的時間細心觀賞。

港話連篇

香港小巷風光

F11 攝影博物館亦利用後巷作為展區的一部分，而這概念是來自香港獨有的環境。香港地方狹窄，橫街後巷成為市民擴展生活空間的場域，亦為旅人最容易接近地道文化的地方，透過近距離的接觸，可以看到裡面隱藏著的城市面貌。

新生藝術創作空間

除了攝影博物館的後巷展覽區外，中環及觀塘等一帶地區也看得到許多香港藝術創作者的街頭塗鴉。

隱匿其中的工匠老店

傳統工藝日漸式微下，昔日的大街鋪面已慢慢轉入後巷，繼續為老主顧服務。這些老店師傅每位皆身懷幾十年的功夫，成為香港工藝行業演變的見證。

市井平民的露天茶座

橫街是最常被用作食店的延伸，它算是一個平民式露天茶座，很多熱鬧地區如中環、旺角、灣仔及西貢都能找到。

萬歲

Infomation

地址 香港北角炮台山宏安道 2-12 號宏暉大廈地下 9 號鋪　**電話** 3105-9681
時間 週一～週六 08:30～20:00，週日休息　**價錢** 每人平均消費約 $30～$60
特色餐點 靚人心水麵 $43 ／嗲嗜六寶麵 $48 ／懷舊麵 $50 ／招牌麵 $53 ／
綠寶橙汁 $15　**交通** 港鐵炮台山站 A 出口，過對面馬路沿油街直街，左轉宏
安道即可到達，步行約 10 分鐘　**網址** www.facebook.com/hoorayhk　**MAP**
P.65

真材實料車仔麵，
用真心熬煮出童年味道

每日熬浸的手作糖心蛋

這裡的糖心蛋是店內推薦美味之一，是由老闆娘親手製作，每晚凌晨做完之後，
再用熬好的湯汁浸一晚上色，才完成整個工序。

〈 延續「萬歲」時代的懷舊麵店 〉

當在公司、朋友飯聚或私人場合聽到「萬歲」兩字時，全場人必會歡呼拍掌，因這代表有人會請客，而且是聽者有分。位於炮台山的懷舊車仔麵店，特意借用「萬歲」歡悅的喻意，來定格香港的快樂時代，「萬歲」車仔麵店由此而生。對於店主來說，小時候每逢嬤嬤帶她去吃車仔麵和喝綠寶橙汁汽水，便是最開心的事情，所以童年便是她的「萬歲」時代。

〈 日日熬製的豬骨湯底與餸料 〉

店內特意擺放著陪伴成長的玩具、復古設計海報和舊年代擺設，童年回憶其實不過是一個襯托，這間車仔麵店最大的賣點，在於採用每天熬製的老火豬骨湯底、滷味和炆煮的乾冬菇。麵店為了打破一般車仔麵只吃得到即食或急凍的「餸料」（搭配麵的食材），師傅特意每天花數小時準備滷味。另外，除了一般可以自己選擇餸料外，還有 4 款店內推薦麵款；招牌麵、懷舊麵、嘜喳六寶麵和靚人心水麵。

〈 無法取代的綠寶橙汁汽水 〉

綠寶橙汁汽水，只要在香港 80 年代或之前出生的朋友，就算沒有喝過，也必定會知道這個品牌。它雖然叫作汽水，裡面卻一點氣泡也沒有，而且味道只此一家，至今依然沒法在市面上找到相似的口味。可惜，香港已沒有公司代理這款汽水，就連車仔麵店主也要經過重重難關才能成功進貨。探訪食店當日，不斷聽到經過的途人大叫「嘩！綠寶橙汁」，可見這款汽水當年在香港的普及和受歡迎程度。

綠寶橙汁汽水

綠寶橙汁是從泰國訂購回來的，若想了解港人回憶中的味道，僅此一家、不可錯過。

1. 飛行棋、扭骰和吹波膠（泡泡）等都是以前香港小朋友玩意／ 2. 麥芽糖夾餅由於可變化空間有限，所以是最能保持原貌的香港小特色／ 3. 招牌麵餸料有滷水糖心蛋、蟹餅、牛腩、雞翼、陳皮魚旦及炆冬菇

ISEE ISEE

自然系

Infomation

地址 香港銅鑼灣禮頓道 138 號希雲大廈 01 號鋪　**電話** 2337-3361
時間 週日〜週四 11:30 〜 22:30，週五〜週六及公眾假期 11:30 〜
23:30　**價錢** 每人平均消費約 $40〜$60　**特色餐點** 原粒提子冰棒 $42
／芝身野紅莓冰棒 $42 ／伯爵茶開心果冰棒 $42　**交通** 港鐵銅鑼灣
站 F1 出口，沿渣甸街走至邊寧頓街，左轉敬誠街直行至禮頓道，步
行約 10 分鐘　**網址** www.facebook.com/iseeiseehk　**MAP** P.64

挑選冰棒的同時，
就是選擇一件
讓自己快樂的小事

日新月異的冰棒組合

創辦人不斷研發新的食譜，現已超過 60 款冰棒組合，冰棒款式會不定期更新，
更會陸續推出不同系列，務求令每次來的客人都有新驚喜。

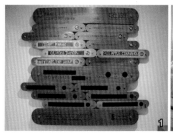

1. 店內設計是創辦人與本地的室內設計師共同構想的／2. 店內一般提供 10 ～ 12 款冰棒，另會在特定節日額外推出 1 ～ 2 款限定冰棒／3.4.5. 皆為果汁冰棒配對組合。圖 3：奇異果冰棒配青檸香橙梳打。圖 4：牛奶草莓配西柚檸檬梳打。圖 5：菠蘿冰棒配椰味菠蘿汁

〈 天然無添加冰棒專門店 〉

「ISEE ISEE」是一間手工冰棒專門店。創辦人在紐西蘭畢業後回港當律師，因一場大病讓她對奶類食品過敏，不能再吃喜愛的甜品。長時間休養的鬱悶，再加上一直以甜品，尤其是冰棒來舒解心情的途徑也沒有了，於是心生一念，在家研製無奶冰棒，但由於冰箱無法做出幼滑質感，於是她買了一部冰棒製作機、並花費了 9 個月時間不斷試驗後，成功研究出 40 多款無奶的零添加水果冰棒，並在銅鑼灣開設第 1 間以純天然材料、無色素和防腐劑為主打的手工冰棒店。

〈 3 種自創冰棒的配對組合 〉

店內提供 3 種基本系列的冰棒，分別是水果冰棒、奶酪冰棒以及果汁冰棒的配對組合。水果冰棒是創辦人最初研發的口味，會因應季節推出不同水果組合，其中水分含量高或易氧化的水果，會用慢磨機萃取果汁，減少味道變淡的情況，保留水果原有顏色。奶酪冰棒加入鮮滑牛奶，再用其研發技巧，使冰棒像如壓縮的雪花冰效果，此系列也是創辦人應家人要求製作的傳統冰棒。果汁冰棒配對組合則是新鮮果汁與冰棒的配對食法，把不同的口味混搭，做出不同層次的味道。

〈 店裡店外給客人的快樂驚喜 〉

在食品下功夫之外，創辦人也想把吃甜品的開心元素放進店內。在購買冰棒時，可以在不同角落看到創辦人想出來的字句，例如牆壁上的「Happiness is eating your icy pop before it melts」，就是想表達快樂其實是從生活小事開始；在盛載冰棒的紙杯和吃完冰棒的木棒上，也都會看到不同的快樂字句，這是店家給客人的一點生活樂趣和驚喜。

私家推薦

伯爵茶開心果奶酪冰棒

這個口味的冰棒有點像是在吃英式奶茶雪花冰的感覺，而它也比一般冰棒厚身，值得一嘗。

關於觀塘，
其實……

自工業在香港漸漸式微，觀塘的工廠因成本考量遷往內地，現今空置的舊式工廠大廈已被活化、改變用途，帶動工業區轉型。活化過後的工廠大廈，租金價格依然比一般商業大樓低廉，因而吸引很多不同單位進駐，如：畫廊、手作店、傢俬(家具)店、劇團及陳列室等。

至於當年政府為安置小販興建的物華街臨時小販市場，服務社區30多年後，因重建計畫已被拆卸，並搬至同區的同仁街，雖然街名不同，但依舊叫作臨時小販市場。另外，一群熱愛觀塘社區的朋友，編寫了文化的導賞路線，讓別的地區人士也可與他們一起細味今昔的觀塘。

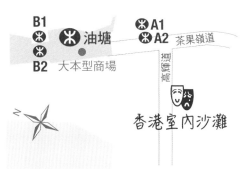

油塘區

B1
※   ※ 油塘   ※ A1
※   ※ A2 茶果嶺道

B2   大本型商場

N   香港室內沙灘

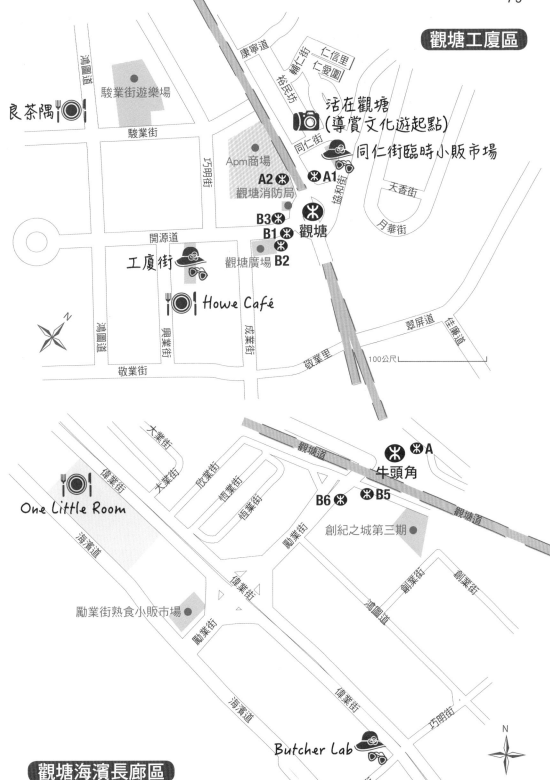

觀塘工廈區

康寧道

輔仁街　仁信里
仁愛圍

裕民坊

駿業街遊樂場

良茶隅

巧明街

Apm商場

活在觀塘
(導賞文化遊起點)

同仁街

同仁街臨時小販市場

A2 ❋　❋ A1

觀塘消防局

協和街

天香街

B3 ❋

B1 ❋　❋ 觀塘

月華街

工廈街

開源道

觀塘廣場 B2

Howe Café

成業街

敬業里

翠屏道

佳業道

興業街

鴻圖道

100公尺

敬業街

觀塘道

大業街

大業街

欣業街

恆業街

牛頭角

❋　❋ A

One Little Room

偉業街

B6 ❋　❋ B5

勵業街

創紀之城第三期

海濱道

創業街

創業街

勵業街熟食小販市場

偉業街

鴻圖道

觀塘道

海濱道

偉業街

巧明街

Butcher Lab

巧明街

N

50公尺

觀塘海濱長廊區

同仁街臨時小販市場

Infomation

地址 九龍觀塘同仁街 38 號　**時間** 每天 08:00 ～ 22:00
交通 地鐵觀塘站 A1 出口，步行約 5 分鐘　**MAP** P.79

在民生市集中，感受攤檔中流動的市井人情

〈 觀塘小販攤檔集中地 〉

　　「同仁街臨時小販市場」是提供固定小販攤位的小販市集，兩層的市場面積共約 400 坪，約有 125 個小販攤檔檔位，售賣市民日常生活用品和衣飾，種類相當廣泛，包括：衣物、飾物、內衣褲、文具、精品、毛線、床具和皮鞋等。原本在同區的物華街、協和街小販市場和仁愛圍天光墟擺檔多年的老檔主，因觀塘進行重建，之前的攤檔被拆卸後，大部分檔主都搬遷到此繼續經營，他們所賣的都是價廉物美的日常用品。

1. 2014 年建成的「同仁街臨時小販市場」，外牆用金屬網板組成，取代了一般用鋼筋凝土的外觀，加強採光效果（圖片提供／活在觀塘）

午後是最佳造訪時間

小販市場營業時間基本是從早上 8 時開始，但每個攤檔營業時間會依據攤檔類型或其他因素而有所調整的，因此可以安排在午飯時間過後來參觀或購物，會比較理想。

〈 記者與公務員指名的優質文具 〉

其中扎根觀塘幾十年的小販檔主勞伯也搬進「同仁街臨時小販市場」，主要售賣文具用品。雖已達退休年齡，但累積多年的地區感情，讓他堅持為觀塘居民提供便宜又好用的文具，放棄到加拿大享受退休生活。勞伯憑著多年的經驗，已熟悉各文具的優劣，例如原子筆在書寫時，紙上的小碎屑會勾住筆尖，容易造成斷墨，所以勞伯會進一些優質紙張的筆記簿回來，盡量避免這種情況。而店內其中一款原子筆，好用的程度連記者和政府職員都要來入貨。

〈 老攤檔主有濃厚社區人情 〉

至於專賣家居服的偉叔，70年代開始做小販，曾是物華街小販主席，他所賣的睡衣、內衣和毛巾，連曾住在這裡的明星和主持人都來買過。而在「阿飛正傳」中，因張國榮哥哥跳舞那一幕而爆紅的白色背心內衣，這裡也可以買得到，而且它的內衣綿線針數比一般廿針的內衣底衫更為多，穿著起來會較清涼。另一攤檔的萬壽祥衣紙鋪的霞姨，除了賣拜神的東西外，其實也是這區的意見諮詢人，街坊會請教她關於流年通勝、旅行入住酒店的宜忌和拜拜等問題。來到觀塘，你會發現這裡不只是一個小販市場，更像是一個社區的縮影。

2. 霞姨的萬壽祥位於2樓，街坊就算不買東西，也會常在這裡找霞姨聊天／3. 勞伯有已經絕版的日本卡通文具，部分已被文具的收藏愛好者買下 (以上圖片提供／活在觀塘)

活在觀塘

舊情懷

Infomation

地址 九龍觀塘裕民坊 **交通**
地鐵觀塘站 A1 出口，步行
約 5 分鐘 **網址** kwuntong.
wordpress.com **MAP** P.79

注意事項
1. 導賞文化遊預約方式：電郵致 kwuntong2007@gmail.com，標題請註明「參加我們的觀塘文化遊」
2. 導賞路線：同仁街小販市集、裕民坊老店、英發茶冰廳、大孖醬油，崇仁圍：輪胎及補鞋店、和樂邨、觀塘會所、大王爺廟
3. 導賞可以選擇普通話導覽，請於預約時提出要求

走入舊區胡同，
聆聽居民的在地生活故事

〈 走入街巷的文化導賞遊 〉

　　這裡沒有所謂的熱鬧喧嘩的旅遊景點，但你在觀塘走的每一步，眼睛所看到的店鋪和街道，正是市民每天過的生活。「活在觀塘」是一個由熱愛觀塘社區的朋友組織而成的民間團體，介紹觀塘的民生故事和人事變遷，與公眾分享這裡喜、怒、哀、樂的生活記事。「活在觀塘」繪畫了一幅文化遊的路線圖，沿線而行會看到地道的草根生活和習俗。裕民坊是導賞遊的起點，導賞員會帶領你走訪各種傳統手藝老店、街坊食堂以及見識公共屋邨的居民生活。

1. 觀塘的住宅區與後面的新型商業大廈只有一條架空天橋之隔，完全體現到舊區重建的前後面貌對比

文化導賞也可自由行

觀塘其實不算太大，若不參加「活在觀塘」的導賞文化遊，只要跟著網址上的路線圖行逛，也可以觀察到市民一般日常的生活細節。

〈 三代獨傳的古法釀製醬油 〉

其中一站的「大孖」是以醬油起家，所製作的醬油不含色素和防腐劑，由爺爺世代承傳的製醬手藝至今已是第三代，其獨創的盆曬豉油，雖然價錢超過 200 元以上，卻依然訂單不絕，店主透露這款豉油以人手古法釀製，把雙璜生抽上盆曬，起鹽後隔起再曬，釀製 18 個月才完工，過程十分繁複，每年也只能限量供應。而店內的頭抽和雙璜生抽則是市民常買的食用醬油，豆味與鹹鮮味也不遜色。

〈 美味現焗菠蘿包與蛋撻 〉

而轉角街市附近的英發茶冰廳，是少有還會自家焗製麵包出售的茶餐廳。來英發茶冰廳一定要吃新鮮出爐的麵包，味道與以前沒多大分別。菠蘿包和蛋撻毫無疑問是最受歡迎的，這裡的蛋撻是以牛油皮作塔底，不是用出名的酥皮。據悉早期香港經濟初起步，茶餐廳的主要客人多是勞動階層，靠體力為生的勞工，飲食以飽肚為原則，所以茶餐廳焗製的蛋撻是以牛油皮作塔底，其後因為經濟越來越繁榮，人民對飲食要求也提高，酥皮底的蛋撻才成為主流。若沿著上文介紹的大孖醬油開始，一路途經的英發茶冰廳、崇仁圍、以及裕民坊老店等地方，便能體驗到香港戰後興起的市井文化。

2.「大孖」不只售賣豉油，也有腐乳、調味醬料和涼果等，是香港式的傳統雜貨店／3.「大孖」附近食店「寶光齋」賣的也是傳統中菜，是「活在觀塘」推薦的風味食店／4. 在觀塘，一定要走入橫街後巷才能確切認識到香港生活的一面，就如這間理髮店，是觀塘區舊街坊的上海理髮店／5. 隱藏在橫街後巷的補鞋店，檔主何伯在裕民坊補鞋數十年，好手藝早已有一班熟客棒場，就算已搬離觀塘區的舊客，也專程來補鞋（圖片提供／活在觀塘）／6. 到英發茶冰廳不一定吃套餐，來一杯香港式檸檬茶加任何一款鮮焗麵包，感受地道風味也不錯

香港醬油小知識

港話連篇

　　香港人普遍會把「醬油」叫作「豉油」或「生抽」，醬油種類大概有4種，多數市民常用的是一般的生抽，其次是頭抽，再來的便是雙璜頭抽和罕有的盆曬生抽，價錢也是根據種類逐層遞增的。另外值得一提的是，有些餐廳會在餐牌上註明是用頭抽調味，例如「豉油雞」，會特別寫成是「頭抽雞」或「頭抽玫瑰豉油雞」等。

生抽

浸釀日子較淺的醬油，或是第二、三輪抽出的醬油，顏色較淡，豆味亦較弱。

頭抽

是經過發酵沉澱後第一輪抽出來的醬油，質感較稠，色澤呈棕褐色，味道比一般的生抽香濃，提鮮力強。

雙璜頭抽

將新黃豆加入頭抽再浸，豆之鮮味倍增，用來做蒸肉或醬油雞，味道更鮮。

盆曬生抽

是用雙璜頭抽來盆曬，過程最繁複，需要釀製一年以上，最具鹹香味，可作為蒸海鮮的搭配醬油。

工廈街

Infomation

地址 香港觀塘開源道 60 號駱駝漆大廈第 3 座
交通 地鐵觀塘站 B2 出口，步行約 5 分鐘
MAP P.79

齊聚食飲買玩，平民工廈的大笪地

觀塘是工廠大廈活化項目中最成功的地區，幾乎每幢工廈都有小店進駐，其中一個成功因素是工廈之間的緊密相連，並且相距地鐵站只有 5 分鐘路程。

說起人流最多的工廈，應是駱駝漆大廈。從開源道轉入駱駝漆大廈第 3 座入口的橫巷，迎面而來的便是香港的地道小食店，再望向橫巷的盡頭，全都被商店占據。全樓 12 層的大廈，每層基本上都會有商店或食店扎根在此，一到午飯時段便會人潮洶湧，午飯過後，更是上班族購物逛街的好時機。零食店、藥妝店、時裝店、飾物店、寵物日用店、傢俬 (家具) 店、紅酒店、海味店、遊戲室等，總之想得到的店鋪類型，隨時都可以在這裡找到。

1. 在工廈街可隨時買齊日常生活的必需品，不需再到處東找西逛／**2.** 工廈鋪是近年興起的商業模式。比起傳統的地鋪，這裡的租金較相宜，工廈的店主在沒有太大租金壓力之下，售賣貨品的價格相對較親民，類型也較廣

良茶隅

工廈黨

Infomation

地址 九龍觀塘鴻圖道 44-46 號世紀工商中心 1A4 店 **電話**
2389-9391 **時間** 週一～週六 09:00～19:30，週日及公眾假
期休息 **價錢** 每人平均消費約 $20～$70 **特色餐點** 夏枯草
$20／五花茶 $24／祛濕茶 $58／百草茶 $70 **交通** 港鐵觀
塘站 B3 出口，沿開源道直走至鴻圖道右轉，步行約 15 分鐘
網址 www.herbaceousteas.com **MAP** P.79

傳統草本的新進化
百子櫃涼茶

良茶隅商品小提醒

秋梨膏和薑蜜由於是沒有防腐劑和穩定劑的手工品，購買後需要放在冰箱冷凍，
一般可保存 2～3 週。而一瓶涼茶是兩劑分量，可分早、晚各飲用一半便可。

〈 中藥為底的涼茶配方 〉

中藥是香港不可或缺的生活文化，大街小巷的涼茶鋪便是從中藥的藥療效用中演化出來、以迎合急速變化的香港，一杯小小的涼茶便能暫緩舒解身體的輕微不適，位於觀塘的「良茶隅」，便是一間由中藥店分支出來的涼茶鋪。兩位店主是中藥店老闆的兒子，6、7歲已在父親的中藥店幫忙執藥看鋪，在得到中藥店的中醫師協助下，研發以草藥成分為主的涼茶，提供養生除疾的配方茶。這裡的涼茶可是每日早上新鮮煎煮入樽後再運送到涼茶鋪的。

〈 養生除疾的招牌百草茶 〉

由於有開設中藥店經驗，對於草藥的品種和優劣之處都非常了解，採購回來的藥材也都是由具有信用保證的貨商提供。所有涼茶是純天然草藥，沒有添加任何的防腐劑和穩定劑，且大部分的涼茶都沒有加入糖分，為怕客人不適應藥材的甘苦味，店家特地把中藥附送山楂餅來解苦的傳統帶到涼茶鋪。而百草茶是店內的鎮店皇牌，價錢雖比一般涼茶貴，但據店主解釋，因它用料實在，功效顯著，能醫治四時感冒、喉嚨痛咳嗽、舒緩鼻敏感症狀和理氣順氣等病痛，所以這款茶很受常熬夜的上班族歡迎。

〈 需預約的限量伴手禮 〉

店家捨棄傳統的圓筒膠樽和紙杯的包裝，重新設計富現代感的樽瓶、改以咖啡杯外帶，並煉製精緻的手工養生品——秋梨膏、薑蜜和玫瑰花陳皮普洱茶等。由於這些手工小品所花的時間比涼茶多出幾倍，所以通常都是客人預訂才會製作，而且供應數量有限。以秋梨膏為例，它是純梨汁製成，沒有加任何糖水，花數小時才能把10斤梨提煉成1斤梨汁。這麼精煉又包裝精緻的手工養生品，個人覺得是一份最有誠意的伴手禮。

旅行茶包套裝
「良茶隅」有提供人蔘烏龍茶和玫瑰花陳皮普洱的旅行套裝，一盒共10包裝，是很好的手信。

1.3.「良茶隅」是一間外賣店，店內仍保留了中藥店的百子櫃特色／**2.**「良茶隅」現時有7款主要的涼茶，每款都會用不同顏色來分辨，所有樽身和顏色設計都是店主包辦，由於是特製設計，成本比一般買現成的為高

Howe Café

工廈黨

Infomation

地址 九龍觀塘興業街 19 號明生工業大廈 11 樓全層　**電話** 3689-0085
時間 星期一～星期六 11:30 ～ 22:00　**價錢** 每人平均消費約 $40 ～
$120　**特色餐點** 身心舒暢茶 $32(12oz)，$36(16oz)／焗蘋果萊寶茶
$32(12oz)，$36(16oz)／粉紅檸檬薰衣草冰茶 $39(12oz)，$42(16oz)
交通 地鐵觀塘站 B2 出口，步行約 10 分鐘　**網址** www.howe-hk.com/
howe_cafe.html　**MAP** P.79

如家一般舒適，
木材傢俬店的美味食光

事先預訂即可享用天台 BBQ

天台的燒烤場只會在晚上營業，並須在 5 個工作天前預訂，分別有 2 人及 5 人套餐，
包含飲品、餐具及醬料等，詳情可瀏覽官網。

〈 在木製傢俬上享用餐飲 〉

「傢俬」(家具)店都有一個不成文規定,就是客人不可在店內吃東西,以免弄污傢俬。如果有一間木材傢俬店不只不怕客人在這裡吃東西,甚至提供餐點讓客人邊吃邊逛,這樣的話,你會想過來一試嗎?藏在觀塘工廠大廈內的「Howe Café」,就是一間傢俬餐飲店,餐廳內所有給客人用的木材桌椅全都是陳列貨品,而提供的食物以西式為主,飲料方面會以花茶系列為主軸,再配合大眾口味的咖啡和甜點,晚上可預約天台燒烤。

〈 可度身訂做木材傢俬 〉

店內所售賣的傢俬以兩種木材為主。第一種是再生柚木,回收以前大屋、路軌和船隻的木頭,然後加以打磨變成再生木後,變成有用的實木傢俬材料。另一種是芒果木,把不能再結果的芒果樹,製造成耐用的硬木傢俬,以環保的前題下,善用地球資源,將木材循環再用。除了現成的木材產品外,客人也能提供傢俬構想設計圖,以度身訂做方式,製作心目中的傢俬。將傢俬與餐廳合而為一,是想為客人營造出家的氛圍,深刻感受店內傢俬的質感。

〈 主打兩款原味養身花茶 〉

店內主打的是兩款花茶,分別是南非健康茶系列和大都會養生茶。南非健康茶是採用了無咖啡因、以小麥提煉的萊寶茶,加入不同乾果作點綴和提味。大都會養生茶是以草本原味為主,其中的印度古方排毒茶,是用了印度的地道配方調製而成的。食物選料方面也很多元化,包括有:沙拉、小食、三明治、烤墨西哥手卷、日式咖哩、西式飯、義大利麵和甜品類供客人點餐。在觀塘逛完工廈街後,可來此稍作休息後才繼續行程。

1. 除了木材傢俬之外,店內也有日常家居用品可供購買/ 2. 每張桌都標示了價錢,客人可隨意在任何一張餐桌上用餐

3. 這款粉紅檸檬薰衣草冰茶,利用了檸檬壓低薰衣草的澀味,提升薰衣草的香味/ 4. 黃色杯的身心舒暢茶、咖啡色杯的印度古方排毒茶和綠色杯的有機蜜紅茶,上茶時,職員會另提供蜜糖,讓不習慣草本味的朋友較容易入口

香港室內沙灘

Infomation

地址 九龍油塘高輝道 7 號高輝大廈 A 座 11 樓上層　**電話** 5593-9711 (Whatsapp)　**時間** 週一～週日 10:00 ～ 02:00　**價錢** 遊戲套餐：週一～週五 (最少 4 人以上)：Party Package A「送隨機中型充氣遊戲一款」，每位 HK$128 (2 小時) ／每位 HK$148 (4 小時)。週六、週日及公眾假期 (最少 10 人以上)：Party Package B「送隨機中型充氣遊戲兩款」，每位 HK$158 (2 小時) ／每位 HK$178 (4 小時)　**交通** 港鐵油塘站 A2 出口，步行約 5 分鐘　**網址** www.sandhousehk.com　**MAP** P.78

注意事項

1. 場內免費提供拖鞋、護膝、頭盔、襪子、儲物櫃、毛巾和浴室沖洗身體
2. 費用以每小時及遊戲組合來計算，有多個不同組合選擇，詳情可瀏覽官網、Whatsapp 或臉書查詢，並必須預約

乘上世界風潮，
風雨無阻的沙灘競技遊戲

選擇團體方案更划算

「香港室內沙灘」價錢會以人數計算，大部分充氣遊戲 2 人便可以成組，4 個朋友以上可以選擇平日的 Party Package，價錢會較便宜。

〈 香港首座室內沙灘競技 〉

工廠大廈造就了不同行業發展的可能性，室內沙灘也是其中一個。「香港室內沙灘」是香港第一個室內人工沙灘，就如創辦人所言，英國、美國、德國和日本等擁有美麗海灘的國家，都另設室內沙灘，是因為室內和戶外沙灘的功能始終不大相同，像這裡引入近年流行的沙箭競技和具速度性的障礙賽，在香港人來人往的沙灘絕對無法玩得盡興的活動，「香港室內沙灘」正好提供一個理想場地，可以一次玩遍世界各地最新最流行的充氣遊戲。

〈 環境清潔滴水不漏 〉

室內沙灘的沙是由 3 種沙粒混合而成的人造沙，第一種是幼沙粒，製造細滑的質感；第二種較粗的沙粒，是為了減少幼沙粒因輕身而飄起造成的沙塵；第三種沙粒則是用來中和粗沙粒的粗糙腳感。在室內玩沙，清潔當然是重要一環，據負責人透露，他們的沙場隔日會進行一次大清潔，首先會用紫外線殺菌燈殺菌，再用隔沙篩把沙裡頭的微小垃圾篩走，最後用天然的消毒液灑滿沙場，而給客人免費使用的拖鞋、護膝、頭盔、襪子及毛巾也會進行清潔消毒。

〈 玩遍世界熱門充氣遊戲 〉

場內沙池占地約 112 坪，充氣玩樂場地則有約 168 坪，充氣遊戲會每隔 3 個月更新一次，類型包括：人肉足球機、沙箭競技、泡泡足球、迷宮戰、笨豬跑、你死我活和極速障礙賽等。其中沙箭競技遊戲，是把美國流行的射箭對抗遊戲場地移至沙地，減低跌倒時受傷的機會，所用的特殊弓和專利箭是和美國的 Archery Tag 公司合作，與外國所玩的弓箭一樣。室內沙灘鄰近地鐵站，又有淋浴設備，遊戲結束後也不怕一身沙，可以輕輕鬆鬆繼續行程。

沙箭競技、泡泡足球和笨豬跑是這裡很受歡迎的充氣遊戲
（圖片提供／香港室內沙灘）

Butcher Lab

Infomation

地址 九龍牛頭角偉業街 140 號依時工業大廈 5 樓 B 室
電話 3421-0212 **時間** 週一～週四 15:00～22:00，週五～週六 12:00～18:00，週日休息 **交通** 港鐵牛頭角站 B6 出口，步行約 15 分鐘 **網址** www.facebook.com/butcherlab **MAP** P.79

細節裡藏巧思，
縫出手作工藝幸福感

造訪前先確認開放時間

「依時工業大廈」的偉業街大門不是長時間開放的，需要轉入巧明街的後門乘搭電梯。由於創辦人會參加市集或有其他工作在身，所以開放時間會比較彈性，若不是預約了工作坊，可預先打電話或臉書查看當天的開放時間。

〈 布藝與皮革的質感手作 〉

「Butcher Lab」的 Momo 是香港其中一個手作界的中堅分子，辭退大專學院老師一職後，專注經營自己的手作品牌「Butcher Lab」，把自己兒時學到的裁縫與在英國求學時期學到的皮革手縫技巧結合，手製出不同多功能性的布藝和皮革的用品，熱愛手作的他，更親自手製工作室裡的傢俬，讓這裡的裝潢設計感覺不如一般工作室的制式化，更像是一個手作家的祕密窩居。

〈 商品風格簡約獨特 〉

「Butcher Lab」的皮革作品風格簡約實用，不會添加太多花巧的點綴，會著重作品的輕巧度和多用性。相較於多數人採用的線縫皮革，創辦人更傾向於以撞釘方式做縫合，這樣可以將皮革做出更多的變法。至於布藝系列融合了木材概念，利用輕身的木質來承托布料的形狀，款式獨特。所有作品由圖樣設計、材料採買、刀模製作、皮革染色、生產流程、品質檢定以至營銷宣傳都是他一手包辦，每一個細節都能看出創辦人的心思。

〈 可一同享受手作樂趣 〉

「Butcher Lab」賣的不只是現成的手作品，也有買手作材料包，分別有錢幣包、工作證件套、行李牌、鎖匙包、卡片套和護照套。材料包內所需用料齊全，皮革已剪裁好並附有入線位，不需再另購皮革工具，只要按照手繪說明書上的步驟便可完成。如果想親手試做皮革，「Butcher Lab」有一個皮革玻璃樽掛燈工作坊，它特別之處是會教你如何把玻璃樽接駁電源，做成一個家居燈，完成後，可以把這個獨特創意的燈飾帶回家中擺放，或當作禮物送給朋友也不錯。

1. 這邊是零售區，有手袋、鞋類、旅遊用品及手作材料包等售賣／**2.** 其中一款產品混合了木棒材料，但背起來不會有累贅感／**3.** 若是一個人來上工作坊也不寂寞，工作室的 4 隻貓咪會在你身邊不停穿插，引起你的注意

One Little Room

Infomation

地址 香港觀塘海濱道 80 號觀塘海濱公園 (近順業街九龍貨倉段)
電話 6760-2050　**時間** 週一～週五 08:00~20:00，週六～週日及公眾假期 12:00 ～ 19:00　**價錢** 每人平均消費約 $40 ～ $80　**特色餐點** 冰滴咖啡 $48(紙杯)，$66(連玻璃樽)／Triple Black$38／有機可可窩夫 $46／焦糖燉蛋 $34　**交通** 港鐵牛頭角站 B6 出口，步行約 10 分鐘　**網址** www.facebook.com/onelittleroomcafe　**MAP** P.79

一杯咖啡、一幅海景，
味覺與視覺的美好經驗

在海岸旁野餐

「One Little Room」是一間公園裡的外賣店，所以草地便是座位區，只要消費滿 120 元，便可以 150 元的押金借用咖啡店的地蓆和木箱在公園內野餐，一邊品嘗咖啡，一邊欣賞市內的沿海風景。

〈 舒展身心的海景咖啡廳 〉

一杯好的咖啡，所盛載的是咖啡本身的醇厚純粹、店主的生活態度和留給客人的想像餘韻。而一個遼闊的海岸景觀，既可以讓眼睛視野放寬，也可以舒展閉塞已久的思考空間，這是老闆成立咖啡店的目的。攝影專業出身並獲得多個新聞攝影獎項的老闆，認真的拜師學藝，把一時興起的咖啡愛好，轉化成為實體咖啡店。有著沿海風景的觀塘外賣咖啡店「One Little Room」，已是他第 2 間正式經營的咖啡店，而店內所提供的咖啡，除了一般流行的義式咖啡外，還有著重時間浸泡的冰滴咖啡和自創的咖啡口味。

〈 高品質限量冰滴咖啡 〉

冰滴咖啡與義式咖啡不同之處在於水溫和沖製方式。冰滴咖啡不是咖啡加冰那麼簡單，它是利用上、中、下壺的冰滴方式泡製。上壺融化的冰塊水滴，滲進中壺的咖啡粉中，精華的咖啡液慢慢滴漏到下壺，之後再把它放置在冰箱大約 1 天的時間來萃取咖啡精華，提升味道層次。低溫浸泡咖啡的好處是能減少苦澀味，強調咖啡豆的甘甜味道。由於它的工序繁複及製作過程耗時，因此這款咖啡可是限量供應的。

〈 自創咖啡加可樂、果凍 〉

至於自創的咖啡單品是濃縮咖啡、可樂和果凍的組合。可樂加入了濃縮咖啡後，產生出一種炭燒咖啡的香味，加上單品咖啡製成的果凍，豐富了整個咖啡的口感，3 樣原本不相關的東西卻意外的合拍。食物選料方面則是以原味為重點的輕食類，大部分的輕食是以橄欖油取代牛油，再配合不同的果籽，藉以帶出食材本身的果香味。若有機會來到觀塘，可以放慢腳步來享受一杯咖啡的休閒。

1. 冰滴咖啡有紙杯和玻璃杯裝，若有時間在公園停留，可加錢購買玻璃杯裝，喝完只需把玻璃杯交還給咖啡店，玻璃瓶則可以帶走留作紀念／ 2. 有機「可可窩夫」（鬆餅），窩夫夾層內加入來自巴西的可可仁，橄欖油本身是帶有淡淡果香，再配合碎可可仁，能帶出食材原有的香味／ 3. 咖啡店牆上的餐牌是由店內員工的粉筆手繪，詳細解釋不同咖啡的成分搭配

Triple Black

以 3 種同樣含有咖啡因元素的用料搭配而成，軟綿綿的咖啡果凍入口即化，它補強了被可樂中和的咖啡風味和口感，很值得一試。

關於石硤尾，
其實⋯⋯

家庭式工廠（俗稱「山寨廠」）是早期香港盛行的工作模式，但礙於當時石硤尾的住宅單位面積實在太少，狹窄的空間內擺放大量的產品原料，很容易造成安全及衛生問題，因此政府在石硤尾興建工廠大廈，讓居民可以分隔開生活和工作場所。現在原址的工廠大廈現已變成創意藝術中心，亦是舉辦手作市集之中規模最大、歷史最悠久的地方。另外，擁有幾十年歷史的南山邨，應該是香港公共屋邨之中，最受攝影發燒友歡迎的地方，用作休息的遊樂場平台更是拍照的熱門地點。不過，最有特色的應是南山邨內的冬菇亭大排檔，至今依然保留了舊日屋邨的飲食文化。

石硤尾區

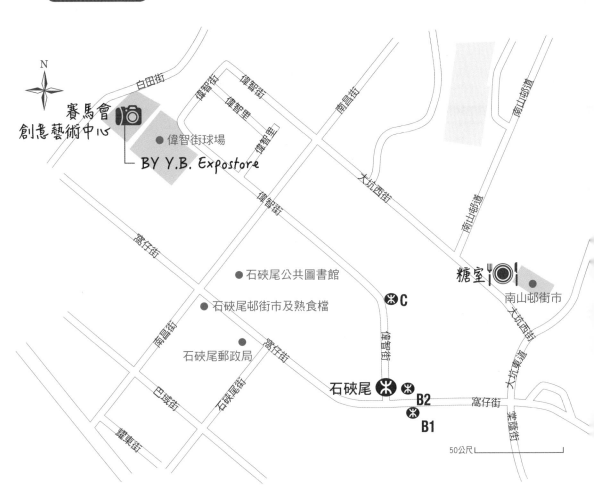

賽馬會
創意藝術中心
└ BY Y.B. Expostore

● 偉智街球場

糖室

南山邨街市

● 石硤尾公共圖書館

● 石硤尾邨街市及熟食檔

✳C

● 石硤尾郵政局

石硤尾 ✳ ✳ B2

✳ B1

50公尺

賽馬會創意藝術中心

Infomation

地址 九龍石硤尾白田街 30 號 **電話** 2353-1311 **時間** 週一～週日 10:00～22:00，農曆新年假期除外 (請留意個別駐場單位、展覽及藝術活動會有不同的開放日和時間) **價錢** 免費 **交通** 港鐵石硤尾站 C 出口，步行約 10 分鐘 **網址** www.jccac.org.hk **MAP** P.97

從手工到手作，
「山寨廠」的華麗轉身

一季一次的手作市集

手作市集每季只舉辦一次，大多安排週六、日連續兩天，市集會由下午開始，
正確的日子需留意賽馬會創意藝術中心官網或臉書動態。

〈 手作人與藝術家的新基地 〉

「賽馬會創意藝術中心」前身為山寨廠，是用作經營家庭式工業的工廠大廈，現則開放為藝術村兼藝術中心。它原是當年為配合石硤尾地勢和實際需要而設計的非標準型工廠大廈，而中庭大堂的「口」字形的廣闊空間，現成為手作市集場地之一，每季市集都聚滿多個本地手作單位參與，而中心內的藝術家和藝術團體也會不定時舉行活動。

〈 與各類藝術團體近距離接觸 〉

這裡的藝術家和藝術團體，可以廉價租用賽馬會創意藝術中心內的單位，並讓公眾能在開放時間內自由參觀，近距離接觸藝術工作者及感受藝術創意的氣氛。中心內單位以作為工作室和藝團辦公室為主，進駐的藝術家和藝術團體更多達 140 個，類型包括：攝影、陶藝、電影和社區藝術等。

〈 人氣最高的手作市集 〉

而「賽馬會創意藝術中心」最出名的應是每季舉辦的手作市集，它是香港最多人流和最受歡迎的手作市集，每季都有大量手作人爭取在這裡擺檔，通常都是在 3、6、9 月及 11 月舉行，每次為期兩天。除有市集外，這兩天也會有免費的露天電影會，讓市民欣賞得獎電影、與資深影評人在映後的座談會交流；也可以參觀工藝示範和工作室導賞，透過導賞員的帶領了解藝術村的故事，以及探訪各層的空間展覽和藝術工作室的真貌。走累了，則可到中心內的茶藝館和咖啡室休息，細看整座大廈的建築特色。

1.「口」字形的大廈設計比密封式的標準工廠大廈建築更具空間感，在當時已經算是一個不錯的工作空間環境／**2.** 常設的導賞服務只接受團體申請，公眾導賞則要留待手作市集期間的官方公布／**3.** 露天電影會在晚上的天台舉行／**4.** 手作市集的攤檔設在中心的不同區域，有露天也有室內，攤檔之多讓你一天也逛不完（以上圖片提供／賽馬會創意藝術中心）

BY Y.B. Expostore

Infomation

地址 九龍石硤尾白田街 30 號 L2-02　**電話** 2779-3188　**時間**
週二～週六 10:00～20:00，週日 11:00～20:00，週一及
公眾假期休息　**交通** 港鐵石硤尾站 C 出口，步行約 10 分鐘
網址 expo.byyb.com.hk　**MAP** P.97

化想像為可能，
獨特毛冷編織藝術

欣賞織品的秘密基地

「BY Y.B. Expostore」提供一個休息小角落，可以坐下來喝杯茶，欣賞這裡的編織品或裝飾品。
店內的裝飾品都是老闆的私人珍藏古董，所以不要隨便亂碰。

〈 毛冷編織的全新創意 〉

「BY Y.B. Expostore」的母公司是香港起家的「毛冷」(毛線)編織公司，藉著深厚的毛冷編織知識及經驗，希望創造出超越物料和編織方法的作品，因而選在賽馬會創意藝術中心開設編織概念店，展售自己設計或與不同單位合作的織品，亦有本地其他創作人的作品，讓訪客看到編織設計的無限可能。

〈 手製屬於自己的織品 〉

說到編織，不得不提富有香港歷史的手搖編織機，它是50、60年代盛行一時的人性化編織機。「BY Y.B. Expostore」特別有手搖編織機的興趣班，只需2、3個小時便能掌控操作方法，製作出可以帶回家的製成品，之前就曾在情人節教授編織玫瑰花盆栽。沒有時間的話，也可以看看由手搖機即興做出不同圖案設計的織品。

〈 特殊媒材的編織結合 〉

另外，這裡也曾與不同單位合作，以新穎的編織物料來創作出別具特式的展品，就好像之前與陶瓷藝術家研究用陶瓷作為物料，做成瀑布編織的製成品，以及以小燈炮與編織物結合成的《森隔心》作品，把想像不到的編織物料變成編織的藝術品，而這些作品會不定時放在店外擺放，是參觀者拍照打卡的熱門位置。

1. 這是用手搖編織機織成的玫瑰花盆栽，作品最難之處是如何把莖部做成有力的支撐及織出纖細的莖管／**2.**「BY Y.B. Expostore」積極與本地各單位合作，推廣毛冷編織，店內也預留空間給本地創作人展出他們的作品／**3.** 這裡擺放了不同年代的古董家具及裝飾，感覺像在逛博物館

糖室

Infomation

地址 九龍石硤尾南山邨商場平台 C4(冬菇亭) **電話** 5260-8053
時間 週日～週四 15:00 ～ 00:00，週五、週六及假期前夕 15:00 ～
01:00 **價錢** 每人平均消費約 $30 ～ $70 **特色餐點** 覆盆子舒芙
蕾 OREO $56 ／荷蘭班戟配雜莓楓糖燕麥 $68 ／玫瑰杞子雪耳
露 $32 **交通** 港鐵石硤尾站 B2 出口，步行約 10 分鐘 **網址** www.
facebook.com/chillazydessert **MAP** P.97

老屋邨裡的好滋味，
滿載回憶的甜品店

放鬆身心的休憩「躺室」

「糖室」是兩位主理人的「躺室」理念延伸店鋪，「躺室」是一個讓人休息的吊床休息間，
客人可在這裡看書，甚至小睡一會也無妨，唯一條件是不可大聲聊天。另外，南山邨冬菇
亭附近種滿鳳凰木，在 5、6 月時是開花成季，整條馬路變成染滿艷紅色的長廊。

〈 隱身舊屋邨中的甜點店 〉

南山邨，是政府 70 年代興建的公共屋邨。泛黃的招牌、燈光幽暗的長走廊，擺滿貨物的街市小鋪，滲出淡淡的舊情懷，而被屋邨 3 面環繞的商場平台公園，現已成為經典屋邨拍照地。附近的南山邨冬菇亭，亦即居民的熟食亭，仍有草根的大牌檔風味，唯獨其中一間甜品鋪「糖室」，由兩位青年接手後，把它改造成融入現代元素的新型糖水甜品糕點店。

〈 傳統老屋有現代驚喜 〉

兩位主理人同是在屋邨成長，希望把屋邨休閒生活注入新穎的元素，一改傳統糖水鋪擠壓式的流水作業，讓客人可以不受時間限制享用甜品。全店以深色和木材營造慵懶的休閒氣氛，加上密封式的空間設計，打破了冬菇亭原有的店與店之間的開通隔間，營造反差的衝突感，把漸漸被遺忘的舊屋邨，注入年輕的青春氣息。甜品方面也秉持革新的概念，把既有的傳統甜品口味加入新式的煮法和配搭，務求做出令人驚喜的味道。

〈 極具原創性的混搭甜點 〉

甜品菜單是由師傅與主理人一起討論的，每款甜品都加入混搭元素。極受客人喜愛的覆盆子舒芙蕾 OREO 撻和荷蘭「班戟」（薄餅、可麗餅）便是最好的一個示範。舒芙蕾原是著重甜味的小型甜品，但「糖室」特意把舒芙蕾製作成兩人份，以 OREO 做底，中間加入覆盆子中和甜膩感，上層鋪滿舒芙蕾醬，讓喜歡甜品的朋友可以一次吃到飽，滿足甜品癮。荷蘭班戟著重班戟邊的脆度和中間軟綿的反差口感，中間放入新鮮雜莓、燕麥和楓糖。其餘甜品包括有：加入陳皮的法式焦糖燉蛋、芝麻醬伴碟的心太軟、玫瑰杞子雪耳露和傳統的香草海帶綠豆沙等，都是值得一嘗的新穎甜品。

1. 5、6 月冬菇亭外的鳳凰木花卉盛放時候，是指引熟食亭位置的地標／**2.**「糖室」延續了「躺室」的舒閒概念，營業至午夜也保留了香港消夜吃糖水的習慣

私家推薦

覆盆子舒芙蕾 OREO 撻

店內的覆盆子舒芙蕾 OREO 撻都是即叫即做，保持舒芙蕾的蓬鬆質感，為顧客呈上最好的口味。

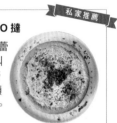

荷蘭班戟

荷蘭班戟特意採用健康的燕麥增加咬勁，一個荷蘭班戟已是一餐的分量，大大滿足。

玫瑰杞子雪耳露

玫瑰杞子「雪耳」（銀耳）露加入了杞子、百合、桂圓，再煲至起膠，玫瑰分開附上是怕部分客人對此敏感。蘊含豐富膠質的雪耳露，是很多女孩的摯愛之選。

關於深水埗，
其實……

50年代一場大火令無數寮屋居民無家可歸，政府為了安置大量的災民，第一批6層高的「徙置大廈」因而落成，曾拍攝《英雄本色》、《赤壁》、《太平輪》等電影的吳宇森導演也是在這裡成長。每層幾十個小單位的徙置大廈，如今已成古蹟，更被活化為旅舍住宿和生活文化館。而就近深水埗廣鐵站的一條大街，是時裝零售批發店鋪的集中地，這裡也是布料、配料和手作用料匯聚的地方，不論是價錢或材料種類都是全港最便宜和最齊全，所以時裝系學生或時裝設計公司常會在這裡採買用料來做功課或衣服樣板。

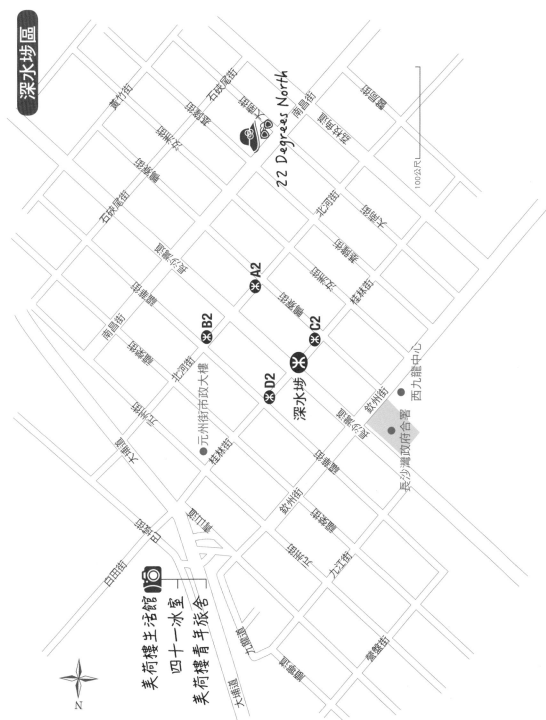

深水埗區

22 Degrees North

100公尺

A2

B2

C2

D2

深水埗

元州街市政大樓

桂林街

欽州街

長沙灣政府合署

西九龍中心

黃竹街

石硤尾街

石硤尾街

大埔道

南昌街

北河街

福華街

福榮街

福榮街

青山道

營盤街

鴨寮街

大南街

福榮街

基隆街

桂林街

南昌街

北河街

汝州街

醫局街

通州街

通州街

欽州街

大南街

大埔道

九龍道

九江街

白田街

海壇街

美荷樓生活館
四十一冰室
美荷樓青年旅舍

N

藝
文
青

22 Degrees North

Infomation

地址 九龍深水埗南昌街 88 號 **電話** 2568-1148 **時間** 週一～
週日 11:00 ～ 20:30 **交通** 港鐵深水埗站 A2 出口，步行約 10
分鐘 **網址** www.22-n.com **MAP** P.105

舊唐樓有新創意，
香港原生設計展售平台

深水埗文化藝遊區

22 Degrees North 與深水埗的其他小店組成了深水埗藝遊區，希望團結各單位，
推廣深水埗的獨有文化景點，他們不定期會舉行一些活動讓公眾參加。

〈 聚集文創品牌的復古唐樓 〉

22 N 是香港的經緯度，店鋪取名為「22 Degrees North」意指以香港為基地，把不同的原創品牌介紹給大眾。4 位主理人在深水埗租下整幢 3 層樓的 40 年代的戰前唐樓，每樓層中間的天井位置是為當年少窗戶的唐樓設計，它有著通風的功能，後來居民也利用天井的特殊設計，用一根繩子來上落運貨。主理人特意把店面加入復古元素，配合這幢唐樓的懷舊味道。

〈 應有盡有的設計概念空間 〉

整幢唐樓是一個設計概念分享平台，1 樓是原創品牌的零售店，2 樓是工作坊，定期都會開班教授手作，3 樓是一個多用途性的展覽空間，會與其他單位合作舉辦各類型活動，曾舉行小型時裝表演、畫廊和手作市集等。店內 7 ～ 8 成皆是香港的原創手作品牌，類型也很多，包括：皮革、首飾、背包、家品和文具精品等，價錢由一元到上千元也有。

〈 獨家的原創手作品 〉

當中的兩個品牌 AJY designs 和 The Polska Traveller，售賣的都是一款一件的單品。AJY designs 的主理人從世界各地購買她喜愛的花卉圖案布料，手縫各款手袋，每款圖案只會製作一次，所以每件產品都是獨一無二的。另外，我相信喜歡逛手作市集的台灣朋友，都曾看過 The Polska Traveller 的單品，他把收集回來的舊物扭轉形態，成為獨特的復古飾物。這裡也有擺放主理人的 Made in Eden 品牌，主打英倫風格的皮革。在這裡隨時可以找到極具本地風格的手作原創作品。

英倫風皮革配件

Made in Eden 走的是偏向高級的紳士淑女格調，部分單品滲入了英倫元素，皮革以環保的天然植鞣革和馬鞍革為主。

1. 店鋪的裝潢設計都經過特別心思，有些地方更是熱門的影相位，是主理人故意打造的復古氛圍／2.The Polska Traveller 喜愛到世界各地收集當地的錢幣、餐具和吉他線等舊物，再經過焊接、打磨的工序，變成配搭衣物的時尚首飾／3. 這裡也有國外品牌進駐，他們全是獨立的創作者

美荷樓生活館

Infomation

地址 九龍深水埗巴域街 70 號石硤尾邨 41 座 **電話** 3728-3500 **時間** 週二～週日 09:30 ～ 17:00，逢週一休息 (公眾假期則照常營業)，農曆正月初一至初三全日休館，聖誕節前夕及農曆新年除夕 15:00 休館 **價錢** 免費 **交通** 港鐵深水埗站 B2 出口，沿北河街直走至大埔道左轉，過馬路到對面的巴域街，步行約 10 分鐘 **網址** www.yha.org.hk/zh/experience-hk **MAP** P.105

注意事項

1. 導賞團有廣東話、英文及普通話，廣東話團每日一團，時間 14:30 ～ 15:15 (休館日除外)／英文團特定週日早上 11:30 ～ 12:15
2. 廣東話及英文團接受官網預約或即場參加，普通話團需 e-mail 預約。預約時間及導賞行程詳見官網

Veranda, Kitchen

走廊・廚房

在舊居民的回憶中，感受石硤尾邨的歷史人情

最佳攝影取景地

據工作人員透露，美荷樓旁有一個行山徑，只要步行約 30 分鐘，便可看到美荷樓 H 型建築的全貌，是拍照的好地方。

〈 僅存的 H 型徙置大廈 〉

在 1953 年普天同慶的聖誕夜，一位住在寮屋的鞋店老闆在趕工時，不小心踢倒家中的煤油燈造成大火，一夜之間燒毀整個山頭寮屋，約 58,000 位居民頓失家園。之後，政府興建第一代的 H 型徙置大廈安置火災居民，亦即日後的公共屋邨，便是現在「美荷樓生活館」的原址。如今僅存一幢的「美荷樓」已成為保育建築物，展覽 50～80 年代的香港石硤尾邨徙置區，重建前後的風貌和民生故事。

〈 原居民親自導賞人情故事 〉

館內大部分展品都是由舊居民捐贈，用作重現當時的居住和社區環境。而這些舊居民同時也是導賞員，由生活館正門作起點，透過他們親述當年的生活情況，帶領參觀者知道以前石硤尾邨大樹下的人情故事，當年居民如何將一個鐵水桶物盡其用、走廊廚房灶頭的午夜小祕密、小情人在窗間縫隙交換書信互訴思念等生活點滴。

〈 重現公共屋邨的生活舊貌 〉

而生活館共有兩層，地下的展覽廳主要是介紹深水埗區的歷史變遷、火災前後的實況紀錄和居民今昔生活軼事。1 樓的展覽廳則以 1:1 比例模擬了當年的單位，仿建了 50 年代第一代公屋居室的室內擺設方式、建築設計和室內裝置等。展覽廳立體互動的街頭場景，以及從公屋的天井位置一躍而下的視覺效果，讓旅人可暫時扮演成 50 年代石硤尾邨的居民，滿有心思。

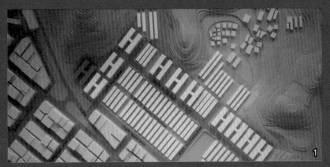

1. 圖中橙色 H 型大廈便是現時的美荷樓，以 H 作為大廈建築是因為它是所有英文字當中，能容納最多人的空間建構設計／**2.** 每個只有 3.4 坪面積的單位要住 5 個成人，因小朋友是半個成人計算，如以一個家庭入住計，則是一個單位要住進 2 個成人，6 個小朋友。其中上層鋪的細長方型通風窗戶，便是交換情信的橋梁，據聞當時撮合了不少小情人／**3.4.** 後期美荷樓的住宅單位環境已有所改善，全部都有獨立廁所和廚房，住客閒時也會在家中，與鄰居打麻將娛樂一番

四十一冰室

Infomation

地址 九龍深水埗巴域街 70 號石硤尾邨 41 座 **時間** 週一～
週日 07:00 ～ 00:00 **價錢** 每人平均消費約 $50 ～ $100
特色餐點 提供 4 個時段的套餐餐點，分別有早餐、午餐、
下午茶及晚餐時段，以西式菜單為主 **交通** 港鐵深水埗站
B2 出口，沿北河街直走至大埔道左轉，過馬路到對面的
巴域街，步行約 10 分鐘 **MAP** P.105

在餐食與雜貨中，
重溫香港的青蔥歲月
與時代故事

早餐也是下午茶

香港人通常會把英式全日早餐當作是早午餐或下午茶來吃，所以見到下午茶有這款早餐，不要覺得奇怪喔！
另外，冰室有兩個入口，大門入口是座位區，旁邊的小入口則是點餐區。

〈 具年代感的裝潢元素 〉

「四十一冰室」名字來自石硤尾邨美荷樓第41座而改的。冰室採用了懷舊元素布置，並邀請了5位本地新進藝術家，設計不同香港主題的牆上壁畫，包括校園生活、唱片時代和兒時玩意、讀書時背誦的九九乘法表、80年代政府宣傳清潔香港廣告的垃圾蟲、偶像雜誌發行的偶像閃卡等元素，還有舊時同學玩的天下太平、鬼腳圖和井字過三關等遊戲都成為冰室的背景，這裡是用餐的地方，同時也是舊香港的展覽館。

〈 傳承冰室文化的西餐點 〉

食物方面也秉承了香港冰室文化，以西式餐點為主。冰室有4款套餐供應，包括：早餐、午餐、下午茶及晚餐，可以選擇的菜式種類也算多，除義大利麵、飯類、沙拉外，也有英式全日早餐、西班牙焗烤乳豬和德國豬腳等。冰室還有露天茶座，如遇天氣好的時候，可到外面享用餐點。而露天茶座的右邊是售賣香港傳統特色玩意的「四十一士多」。

〈 售賣本地雜貨的四十一士多 〉

一進入「四十一士多」就看見勾起回憶的童年零食的「叮叮糖」和「飛機欖」，現在這些小食很難再在香港的士多內找到。士多也特別花心思，訂製了具有香港生活文化的中國算盤和廣東麻將旅行裝，算盤和廣東麻將附送了詳細的說明書，以簡單的圖文說明，一步步教你如何熟習香港玩意。士多其中的一個角落，擺放了本地插畫師的作品，除了傳統小食小物外，也可以透過作品了解年輕人眼中的香港。

左頁圖 冰室設在美荷樓宿舍的地下層，坐在露天茶座可看到前方正在登山看風景的旅人／ **1.2.3.** 冰室分別以5個主題來重現香港昔日面貌／ **4.** 天下太平和鬼腳圖是香港的傳統遊戲，看到鬼腳圖的上、下聯，便能感受香港式的幽默／ **5.** 90年代由「Yes」雜誌推出的偶像閃卡瘋行香港，隨著時間流逝，它與同時代的錄音帶已成為集體回憶

關於美孚、荔枝角，
其實……

美孚新邨是香港十大屋苑之一，幾乎占據了整個美孚，它周邊建築物彷彿成了這區的後花園，圍繞著它的荔枝角公園和饒宗頤文化館都具有中華文化氣息。公園參考了嶺南的建築風格，園內所有景區全是環繞中央水池向外延伸，是居民日常活動的地方。至於介於美孚與荔枝角之間的饒宗頤文化館則是此區發展的圖覽，由最初的海關分廠、華工屯舍、檢疫站、監獄、傳染病醫院、精神病療養院到現在成為推廣中華文化的生活館，經過多次用途轉變，反映出這個社區的發展及成長。

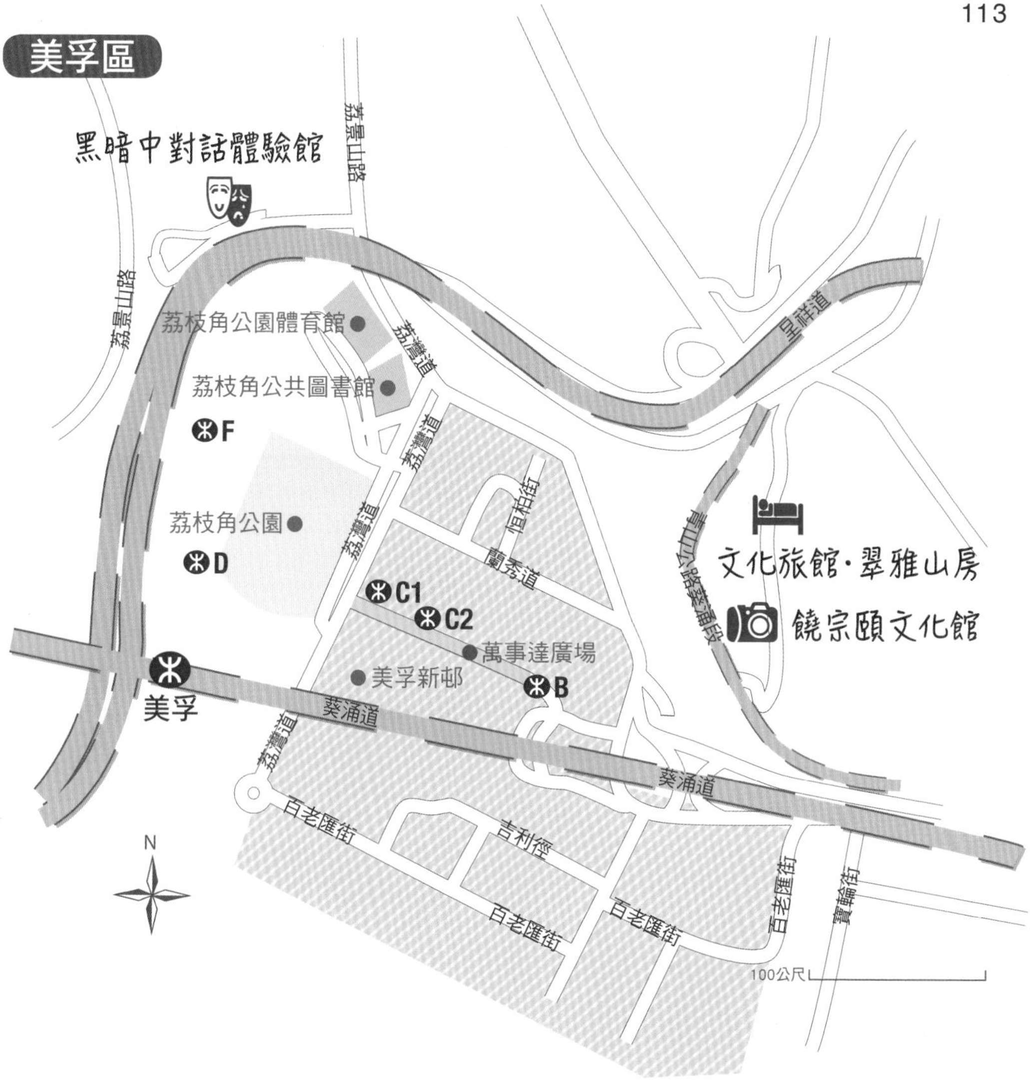

美孚區

黑暗中對話體驗館

荔枝角公園體育館

荔枝角公共圖書館

🚇F

荔枝角公園

🚇D

荔景山路

荔景山路

荔灣道

荔灣道

荔枝角道

恒柏街

蘭秀道

🚇C1

🚇C2

● 萬事達廣場

● 美孚新邨

🚇B

🚇美孚

葵涌道

荔灣道

葵涌道

青山公路荔枝角段

🛏 文化旅館·翠雅山房

📷 饒宗頤文化館

百老匯街

吉利徑

百老匯街

百老匯街

百老匯街

寶輪街

N

100公尺

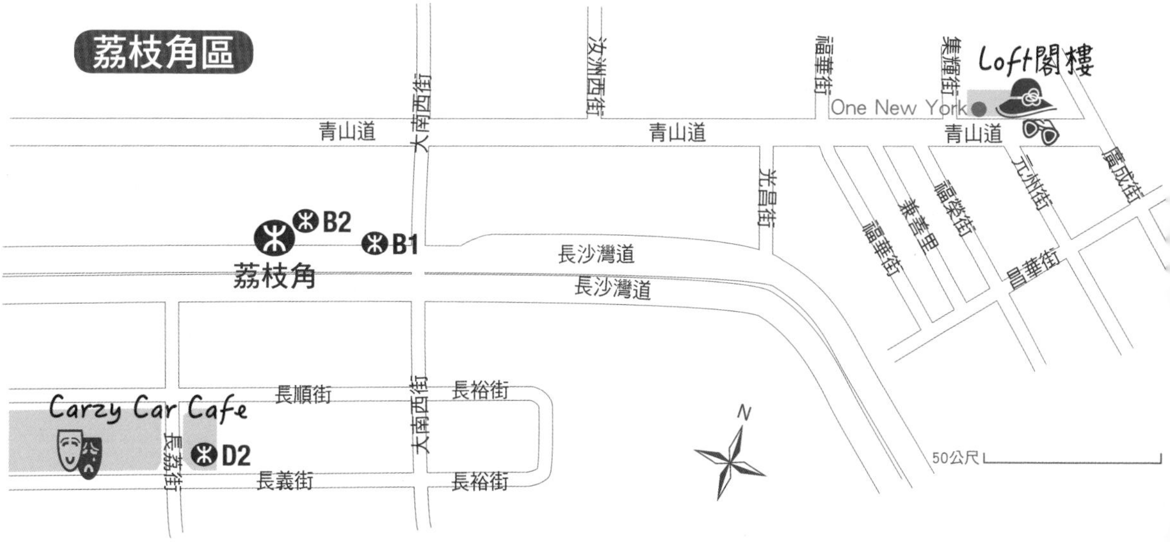

荔枝角區

青山道

大南西街

汝洲西街

青山道

福華街

集輝街

Loft閣樓

One New York ●

青山道

元州街

福榮街

福榮里

福華街

光昌街

兼善里

昌華街

🚇🚇B2

🚇B1

荔枝角

長沙灣道

長沙灣道

Carzy Car Cafe

🚇D2

長順街

大南西街

長裕街

長義街

長裕街

N

50公尺

工廈黨

Crazy Car Cafe

Infomation

地址 荔枝角長順街 15 號 D2 Place Two 2 樓 214 號鋪
電話 3428-5298 **時間** 請參閱官方臉書 **價錢** Crazy Cart
$59(6 分鐘) ／ Crazy Cart XL $69(6 分鐘) **交通** 港鐵
荔枝角站 D2 出口，步行約 5 分鐘 **網址** www.facebook.
com/CrazyCarCafe **MAP** P.113

注意事項

開幕期間，每節價錢平
日及假期同價，詳細價
錢請參考官方臉書

工廈新寵兒，
零技術的極速甩尾

在賽車場中享用餐點

Crazy Car Cafe 位於荔枝角區新型工廈內。場內有提供餐點服務，
是一個適合大人及小朋友同樂的地方。

〈 可室內飄移的卡丁車場 〉

香港最出名是街窄路彎，就如當年建在香港市區的啟德機場一樣，被外國的飛機師認為是一個考驗技術的降落。現在的香港國際機場當然已沒有這個挑戰。但想嘗試在短程彎路中甩尾飄移的朋友，可到位於荔枝角的室內卡丁車餐廳「Crazy Car Cafe」，感受如何在街窄路彎的跑道上瞬間飄移。這裡的卡丁車 (Crazy Cart) 是購自近年興起的電動玩具車，它其實是設計給小朋友玩的，後來大熱之後，改良為大人也可以玩的卡丁車。

〈 飄移動作三部曲 〉

卡丁車的操作相當簡單。玩家飄移時只需控制 3 樣東西：油門、方向盤及飄移桿，剎車時把油門慢慢鬆開，再將方向盤轉 90 度作緩衝，便可停車。方向盤位置連接的 1 個大車輪是用來發力及轉換方向，而卡丁車前後各有兩個小車輪，前輪本身不貼地，是拉桿時穩定車身之用，後輪則是用來輔助飄移動作；卡丁車外圍有支架保護，除了防撞以外也可避免玩家用腳踩地煞車造成危險。另外，小朋友需要配備頭盔、護肘及護膝作保護才可在場內玩卡丁車。

〈 老幼咸宜的賽車遊戲 〉

據店主透露，這款卡丁車是以電池驅動，小卡車是給負磅 63.5 公斤以下的朋友，車身比較貼地，重心相對較低，時速最高約 20 公里；大卡車則是給 108 公斤以下朋友，操控較前者簡單，時速最高約 27 公里。前者會給玩家有較強的飄移感，後者則在視覺上的飄移效果較明顯。場內可同時容納 5 輛同款卡丁車行駛，職員會在開車前與玩家進行一對一的飄移教學。遊客如果想來一場虛擬的香港道路飄移遊戲，可透過電話或網上預約或即場登記參加。

衝鋒！小卡丁的遊戲說明室

STEP 1

選擇車款 卡丁車車型簡單，現場有黑色及銀色兩款可供選擇

STEP 2

學習用油門控速 以油門輕重控制車速，輕踏油門卡丁車便開始行走

STEP 3

掌握方向盤轉幅要領 方向盤的箭頭是指示行駛方向，轉一個很急的髮夾彎時，只需左或右移大約 5 度便可，方向盤扭轉 180 度則可向後行

STEP 4

解鎖飄移 拉起飄移桿解鎖，把後面的小車輪升高，開始橫行的動作準備，再加一個後手軚，然後加油，便可做到飄移動作

工廈黨

黑暗中對話體驗館

Infomation

地址 九龍美孚景荔徑 8 號盈暉薈 2 樓 215 室　**電話** 2310-0833
時間 週二～週日及公眾假期 10:00～19:30，逢週一休館　**價錢**
黑暗中對話旅程(75分鐘)：成人票 $160(週二～週五)／$180(週
六、日及公眾假期)，全日期學生(本地及海外)$80(週二～週五)
／$90(週六、日及公眾假期)，有廣東話、普通話及英語導賞服
務，請在購票時選擇所需語言　**交通** 港鐵美孚站 C1 出口，步行
前往至盈暉薈，乘搭電梯往 2 樓，步行約 7~10 分鐘　**網址** www.
dialogue-experience.com.hk　**MAP P.113**

注意事項
1. 建議預先在官網購買
   門票
2. 訂購全日制學生優惠
   的參加者，需在當日
   出示相關證明，如學
   生證或身分證

觸感與聲音的冒險，
與自身對話的黑暗遊戲

〈 一場黑暗冒險旅程 〉

　　有別於過往玩遊戲的模式，「觸感」和「聲音」是這場 75 分鐘體
驗的基本武器，敏銳的感官是完成這趟冒險旅程的關鍵。這個由
社會企業成立的「黑暗中對話體驗館」，摒棄了常規的教育模式，
改用了角色扮演來扭轉一般社會大眾對強弱身分關係的認知。在
零視野的漆黑空間，視障導賞員成為這次冒險遊戲的領導者，在
5 個特定的真實香港場景中提供線索，帶領參加者通過障礙並完
成任務，回到光明世界。

1. 黑布之後便是旅程
的起點，一支手杖及
導賞員的聲音便是你
唯一依靠

官網有詳細交通指引

在官網內可找到詳細的前往方法，除以圖示方式，也會有影片指示由地鐵站
到黑暗中對話體驗館的路徑，不用擔心會迷路。

〈 沒有輸贏的探索遊戲 〉

雖說這是個黑暗冒險旅程遊戲，但整個過程沒有激烈的攻防戰，重新認識自己、認識身處的環境，便是黑暗中對話體驗館存在意義。不要以為這就是體驗館遊戲的全部，這其實只是一個開端。在不同季節、月分、節日，他們都會舉辦不同類型活動，如：暗中夜宴、出雙入對之旅、藝宴坊、無聲飲茶、暗中派對，以及每年一度的大型音樂活動——「暗中作樂」。

〈 互動式的音樂盛宴 〉

每年香港暑假 7、8 月，他們都會舉行「暗中作樂」音樂會，邀請不同歌手在黑暗中與歌迷大玩純音樂的互動現場表演。在一個半小時的演出中，歌手隨時就在觀眾旁邊演唱，樂手也會邀請觀眾參與發聲，投入現場演出，形式將會與一般的音樂會有所不同，不會是只有你聽我唱的音樂表演。

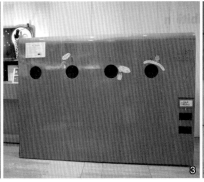

2. 隨身物品必須放在儲物櫃內，但記得帶備少許錢幣在遊戲時使用／ 3. 離開時，可玩一個成語趣味小遊戲，測試自己雙手的敏銳度／ 4. 體驗館內的留言板讓參加者寫下此次體驗的感受，作為對工作人員的鼓勵

藝文青

Loft 閣樓

Infomation

地址 九龍青山道 454 號 1 樓全層　**電話** 2568-4200
時間 週一～週五 11:00～20:00，週六、週日及公眾
假期 11:00～18:00　**交通** 港鐵荔枝角站 B1 出口，
步行約 15 分鐘　**網址** www.facebook.com/sparkmall
MAP P.113

化妝袋
Cosmetic Pouch

ビックリ 特価！

$81

用創意做出唯一，
獨一無二的客製手作店

了解品牌背後的故事

店鋪不以品牌數量多寡為重點，反而注重每個品牌的理念和產品設計，
而店員會在每一個客人到來時，不厭其煩的把每一個品牌故事訴說一次，
務求將每個設計師的品牌精神推廣出去

〈 舊唐樓裡的手創店 〉

「Loft 閣樓」躲藏在一幢不太顯眼的唐樓內，而一條長梯級走廊，則被主理人用來考驗客人對手創作品的支持與熱愛程度。為保持唐樓舊貌，店主特意保留原有的石花磚，把受損花磚逐塊打磨修補，然後再加入舊式水管和木箱作為陳列架，襯托出懷舊情懷。店內提供兩種的購物方法，一種是常用的現貨買賣，另一方面，也會提供量身訂做的服務，讓客人不只有一個選擇。

〈 超乎想像的客製服務 〉

店內現有十多個的香港手創品牌，其中多個品牌有提供量身訂做的服務。以 MYOB 為例，它是一個環保概念品牌，你不會在店內買到它的產品，客人必須把他們將會丟掉的舊衫、舊褲和舊裙拿到店內，再經由 MYOB

的設計師根據衣物特質把它改頭換面，設計成一個時尚的手提包。而 Faz Jewelry 是一個以寵物為主題的手作飾物，還可客制專屬的寵物首飾或手機殼等，其獨特設計款式已在廿多個國家賣出超過萬件。

〈 品質優先的本地作品 〉

雖然這裡有很多手創作品可以量身訂做，喜歡現場購物的朋友也有很多選擇。比如室內設計及環保產品創作人 Ada Ho，以甲骨文設計出百家姓系列的室內藝術裝飾；嬰兒皂則以手工低溫冷製方式，保留了甘油和植物油中的不皂化物，部分材料更是購自中藥鋪，把藥材磨成粉後再製作成皂。每個手創品牌都是經過主理人嚴格篩選才能在此擺放，保證貨品趣味與質素兼備。

Le Petit Champ12 生肖公仔
完全手工製作的，公仔配備木箱，還可以在木牌刻名及字句，是送禮的好選擇。

1. 這全部都是非賣品，只是示範其中一些以舊衫可製成的袋款，MYOB 會再加入合適的配件，讓改裝的手袋更有個人風格／**2.** 嬰兒皂的魚腥草濕疹止痕皂是長期熱賣的皂種，因它能舒緩潮濕天氣引起的紅腫痕癢症狀，魚腥草更是品牌主理人從中藥鋪買回來後，自己磨成粉再製成皂的

饒宗頤文化館

Infomation

地址 九龍青山道 800 號 **電話** 2100-2828 **時間** 全館：週一～週日 08:00～22:00，展覽館：週一～週日 10:00～18:00(下區展覽館逢週一休館) **價錢** 免費 **交通** 1. 港鐵美孚站 B 出口，朝香港大學專業進修學院方向，前行至中華電力變電站，登上架空天橋，左轉至青山道休憩公園，於交通燈處橫過青山道，即可到達，步行約 8 分鐘。2. 提供免費穿梭巴士到尖沙咀，荔枝角地鐵站及美孚地鐵站，行駛班次及路線請參考官網 **網址** www.jtia.hk | **MAP** P.113

注意事項

有免費的粵語公眾導賞，行程約 75 分鐘，導賞時間表、路線等資訊請見官網（英語及國語須另行申請）

在花木簇擁的山崗，
追索百年歷史演變的軌跡

季節限定的文藝活動

文化館中區在春、秋、冬季的週日都會不定期舉辦文藝節目，包括有：手作市集、民間工藝、音樂會和跳舞表演等，是適合家庭同樂的地方。

〈 山崗美景環繞的保育建築 〉

面積達至 3.2 公頃的「饒宗頤文化館」，是混合中西建築色彩的保育建築物。一到花季，文化館環山的樹木花卉配合居高臨下的景致，更是觀光遊覽的一大亮點。文化館前身曾作多種用途，有稅關、華工屯舍、檢疫站、監獄、醫院和療養院，現在則分成上、中、下區。上區為旅館區域、中區為文化活動中心，下區則是饒宗頤藝術館和保育館。下區的保育館便展示了這裡的百年演變記錄。

〈 觀展、喫茶、漫步賞景皆宜 〉

保育館的 3 個展室，用倒敘方式簡述文化館前期背景。之後再往上一層的，可以找到餐廳、文化館、禮品閣、藝術工房和茶居。茶居是遊覽上、下區的歇息中轉站，裡面有著多款中國茶供應，比如紅茶、青茶、綠茶、白茶、黃茶和須預訂的名貴黑茶，可在喫完茶解渴後，才繼續行程。沿路旁邊擺放的特種植物，是文化館特意從其他地方移植過來，用來配合中華文化的主題環境。

〈 有粉色花海與免費導賞 〉

而據負責人透露，文化館內有多達 2,000 種的原生樹木，約 70 多個品種，宮粉洋蹄甲占的比例最多，在 3、4 月的花節，整個文化館被粉紅色的宮粉洋蹄甲環抱，微風吹拂時，搖曳的粉紅色花瓣如同一路往前推進的波濤，非常美麗。若想多了解這裡的文化建築和起源，可以選擇參加免費的公眾導賞，義務工作的專業團體會從下區開始，深入講解一磚一瓦的故事，好讓你把舊香港的點滴印象帶回家鄉。

1. 保育館內介紹了每個時期的背景資料和演變故事，讓遊客對文化館有一個基本認識／**2.** 文化館內十多幢的建築物，全是採用雙層瓦頂設計，用作隔熱和把雨水運到地面的功能／**3.** 樂茶軒是位於中區的茶居，也會售賣茶葉和茶具，適合初次品茶的朋友／**4.** 注重環境保育的文化館，各處都散發著清香的綠草花香味（圖片提供／饒宗頤文化館）

關於太子、旺角、油麻地，其實……

彌敦道連接著太子、旺角、油麻地的大街地段，這一段路後面的砵蘭街和上海街是九龍區草根文化之地，與大街的商業高樓相比，這裡連綿的低層建築更突顯舊香港模樣。為數不少的咖啡室、工作室、廚具零售批發店和雜貨店都會落腳於此，貪其交通便利之餘，又沒有大街的擠迫感，所以這一帶不會見到搶眼的霓虹招牌，也沒有一直會籠絡客人的店員。在這裡逛一圈之後，你便會發現不只老店扎根於此，很多年輕人都會在這開設小店或工作室，因為這裡其實也是他們記憶中的香港印象，在熟悉的環境經營店鋪，讓他們更有歸屬感。

油麻地區

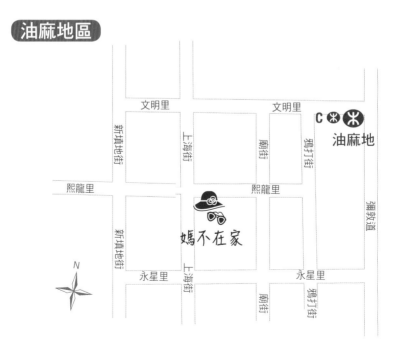

太子・旺角區

牧羊少年
咖啡・茶・酒館

神經餐飲

牧羊少年咖啡 ‧ 茶 ‧ 酒館

藝文青

Infomation

地址 香港太子白楊街 27-29 號嘉安大廈地下 1 號鋪 (太子警察體育遊樂會旁)
電話 2779-0559　**時間** 週一～週四 11:00~00:00，週五 11:00～01:00，週六
10:00～01:00，週日 10:00～00:00　**價錢** 每個人的平均消費約 $100～$200
特色餐點 卡布奇諾 $30(熱)，$35(凍) ／雷公手工啤酒 (門神)$66 ／和風鮮
菌秋葵豆腐 $68　**交通** 港鐵太子站 A 出口，步行約 10～15 分鐘　**網址** www.
facebook.com/thealchemistcafebistro　**MAP** P.123

咖啡、音樂、旅行，
開啟幸福人生的祕密

還有其他主題咖啡店

除了位於太子的「牧羊少年咖啡 ‧ 茶 ‧ 酒館」，創辦人也在香港地區開了不同主題的咖啡店，
希望每一個主題店都能帶給客人不同的經歷和感動。

〈 以旅行為主題的咖啡店 〉

因《牧羊少年奇幻之旅》一書中的經典名言，觸發「牧羊少年咖啡 · 茶 · 酒館」創辦人思考，到底什麼才是幸福的祕密？26 歲那年夏天，他在追尋咖啡夢的過程中，看到《牧羊少年奇幻之旅》這本書，書的內容與他當時所面對的人生很相似，讓他更深層思考未來的人生路向，於是開了一間以旅行為主題的咖啡店，成為旅者休息放鬆的地方，用咖啡交流文化，推廣文化生活，重視應該重視的人與事，那就是當時他的答案。

〈 可用旅遊書換咖啡券 〉

以旅行為主題的咖啡店，當然少不了旅遊書。每一本旅遊書其實都只有一年期限，但它能否延長價值是取決於閱讀者，所以這裡有一個「以書易啡」的活動，只要提供你手上兩年內的旅遊書，便可換取咖啡券，假如有心人想把旅遊書帶回家，掏出口袋中的 20 元便可，所有款項會捐給慈善團體，幫助有需要的人。而每年舉辦的「以文滙友」遊記創作比賽，把旅者的遊記集合成書出版，得到的版稅會全數捐贈給慈善團體。

〈 旅行與音樂的主題之夜 〉

出書之外，每週五晚間的咖啡店，都會有來自世界各地的旅者音樂家和香港音樂創作人來此表演，客人聽音樂之餘，也可以品嘗本地的手工啤酒，領略一下香港人製作的啤酒口味。但除了文化交流活動，店內裝潢也看出創辦人是一個喜愛文藝與旅遊之人。牆上的掛飾全是他從世界各地搜集回來的，室內的設計也是他一手包辦。現在店裡已成為朋友間相聚的地方，讓創辦人領略到現階段的幸福祕密，就是珍惜與身邊人相聚時光，快樂地生活。

1. 咖啡店同時也是酒館，紅、白酒和本地手工啤酒在這裡也找得到／ 2. 讓創辦人對書對文化這般執著，是因為 16 歲開始為同樣喜歡文化的咖啡老闆打工，在環境的薰陶下，特別喜愛看書和文化的東西／ 3. 店內的裝潢設計，全部都是由創辦人構想出來的 (圖片提供／牧羊少年咖啡 · 茶 · 酒館)

藝文青

媽不在家

Infomation

地址 九龍油麻地上海街 302 號一樓　**電話** 9770-5760
時間 週一、週三〜週日 14:00 〜 21:00，週二固定休
息　**交通** 港鐵油麻地站 C 出口，入口在熙龍里，步行
約 10 分鐘　**網址** www.facebook.com/mumsnothome
MAP P.122

享用創意飲品與糕點，
為生活添加隨興與自由

注意營業時間與餐點內容

兩位店主每隔一段時間存夠旅費便會去旅行，所以在上門拜訪前，最好看一下他們的臉書動態，
是否正在外遊中，以免「摸門釘」。記得這裡不是正式的餐廳，是一個讓人休息的地方，店主只

1.「GOING BANANAS」分別有男、女裝服飾以供選擇／ **2.3.** 這裡的擺設方式據說已轉換了有廿次以上，每隔一段時間店主都會依心情再重新調配擺設位置／ **4.** 店主本身也是插畫師，明信片全都是由他親手繪畫的

〈 充滿自由感的茶敘空間 〉

兩位年輕店主，在打工度假期間找到了自己嚮往的生活藍圖。回港後，在準備重回澳洲時，無意中發現他們想像中「媽不在家」概念的舊式唐樓，於是放棄了在澳洲那邊開設時裝品牌店的計畫，選在他們最熟悉的地方，開設生活概念店。「媽不在家」是指在沒有規矩和限制的空間，盡情做自己喜歡的事，過自己喜歡的生活的地方，也是一個讓人享受茶點小聚的私人空間。

〈 隨興設計的餐點與飾物 〉

沒按牌理出牌是店家的特色。由種植室內植物、把旅行買回來的手信改造為家居品或小飾物、以至於自創飲料和手製蛋糕，沒有一樣是預先計畫出來的，這都是靈感及興趣所致而生。那到底「媽不在家」是一間怎樣的店？在這裡，你可以看到店家親手做的小飾物、親手畫的明信片、自家設計的時裝，也可以點一杯他們自創的飲品或自製的蛋糕，偶爾會有音樂會或電影欣賞會。

〈 獨特個性的時裝品牌 〉

至於店內的時裝，則是由其中一位讀時裝設計的店家主理的。品牌叫作「GOING BANANAS」，有瘋狂，令人抓狂失控的意思，希望設計會讓人瘋狂的喜歡。他的設計走色彩鮮豔路線，把顏料直接印在白布上，觸摸時會感受到顏料的質感，剪裁方面沒有太多的花巧，主要集中在穿著的細節上，如側骨加多一塊布料作接合，讓衣服穿起來的線條更漂亮俐落。兩位店主的生活態度再配合其品牌的原創意念，完全體現出「媽不在家」的心情。

十一妞更衣室

Infomation

地址 旺角上海街 635-637 號國祥大廈中的 4 樓 B 室
時間 週二、週四～週五 15:00～21:00，週六～週
日 13:00～20:00，週一、週三休息　**交通** 港鐵旺角
站 A2 出口，步行約 5～8 分鐘　**網址** www.facebook.
com/11floorconceptstore　**MAP** P.123

不能複製的混搭品味，
女性限定古著專賣店

可諮詢店主穿搭建議
如你是古著的新手不懂怎樣配搭，可以請教店主混搭的方法，她們會很樂意與你分享心得。
另外，如衣服不合身，這裡也提供改衣服務。

〈 女生專屬的古著造型 〉

「十一妞更衣室」如其名字一樣，就是專為女生而設的更衣室，在這裡你可隨意把店主們旅購和自創的古著混搭成不同風格，任意化身為甜美的九姑娘或是文青風的十一妹，這也是店主開店之初的目的。由於 3 位店主本身是修讀時裝設計，挑選古著衣物時都夾雜著自身的搭配品味，再透過為客人提供的專業配搭建議，創出了專屬她們的古著風，成了這店的招牌和不能複製的店鋪特色。

〈 自各國搜羅的獨有衣飾 〉

以店主品味出發的古著，不是走型格路線，反而有一種甜心文青風。3 位女生的喜好各有不同，Phoebe 喜歡古怪童趣的圖案、Karen 偏好簡約風格、Pat 鍾愛復古的幾何圖案，現在店內的古著都是她們在東南亞各地旅遊時採購回來的，所以量也不多，每款都只會有一件而已。除此之外，店內還有飾物售賣，可以用作配搭服裝之用。飾物有一部分是店家自己購買回來，其餘則都朋友在國外的市集搜羅的。由於 3 位店主都是時裝設計出身，開店當然不會只有外購，推出自家設計的古著款式才不會浪費多年學習得來的知識。

〈 可上班穿的設計剪裁 〉

自家品牌的古著會以剪裁方面著手，簡約的格子、條紋和純色是其主調。古著一向都被視作逛街的休閒服，這是因為古著多以色彩鮮豔的圖案為主，所以她們想設計出強調復古剪裁的配搭基調，好讓古著也可以成為上班的其中一種服裝，既時尚又能突顯自我風格。為加強古著的味道，大多數都會選取舊式織法的布料，部分圖案還富有舊香港的韻味，選購時可請教店主如何配搭出接近香港的復古風。

1.3. 古著再加入一些配飾作陪襯，會更加突顯個人風格。而部分飾物是朋友借作擺放寄賣／ 2. 試衣間內放滿朋友送來的植物布置，感覺如同在家中換衣服般自在

私家推薦

條紋 A 字裙

自家品牌設計，她們特意選用挺身的布料來營造顯瘦的效果，另再搭配一副增添文青氣息的眼鏡和白襪子，更能突出古著風格。

神經餵飼

Infomation

地址 香港太子砵蘭街 434 號地舖　**電話** 2673-4722　**時間**
週二～週日 12:00～21:00，週一休息　**價錢** 每人平均消費
約 $60～$100　**特色餐點** 雜莓蜜桃梳打 $48／煙三文魚
熱情果法式油醋沙拉 $65／燒汁野菜雞絲蓋飯 $75　**交通**
港鐵太子站 D 出口，步行約 5 分鐘　**網址** www.facebook.
com/feedyournerves **MAP** P.123

舊樓裡的小清新，
在居家食堂享鮮美飯菜

用餐同時欣賞本地藝術

「神經餵飼」1 樓的食堂加入了一些新進或小眾創作人的作品，曾經擺放過相集、
繪畫和藝術裝置作品，進餐時可欣賞一下現時香港年輕人生活設計的藝術文化。

〈 舊樓中的居家食堂 〉

不管什麼時候，只有回到家裡，才是真正放鬆的地方，這是「神經餵飼」開店的初衷。選址在唐樓開設食堂，是因為它滿載了主理人美好的香港回憶，以及舊建築溫存了街坊之間的人情互動，它累積了上一代的辛勞血汗，讓下一代能享有舒適的生活條件，這樣的過程和成長，猶如一個家的倒影。而所有在「神經餵飼」工作的員工均沒有上下之分，全都是伙伴，遇到問題時大家一起有商有量。兩層樓的店鋪用了家居模式區分用途，1樓像是飯廳的食堂，2樓則是客廳，是讓人休息的地方。

〈 當季食材為先的菜單 〉

店鋪1樓的食堂是由富有飲食界經驗的伙伴打理，他們認為處理食材最好的方法，是以看在菜市場能買到什麼當季材料，然後才決定烹調方式和菜式，不以遷就固定菜單而硬要購入次等食材，所以餐牌上的菜色會因應食材而不定期更換，客人只要到櫃檯前的大餐牌查看菜單，選擇到合心的菜色，便可到錢櫃付錢待餐，而讓客人對菜單有期待，正是主理人希望達到的效果。

〈 私密的「默物」空間 〉

至於店鋪2樓是一個叫作「默物」的地方，在這裡要先脫下鞋子，然後隨意找空位坐下便可。沒有服務員打擾的私人空間，你可以在此聽自己喜歡的音樂、閱讀買回來已久卻無暇看的書，甚或欣賞四周的手作品。預留時間給自己清空思緒，觀察身邊事物，就是「默物」的用意。而2樓內的桌椅擺設，就是主理人用了街上棄置的家具，再將枯萎的鮮花製作成乾花，把「默物」布置成舒適的客廳，展現躺在家中休息的美好時光。

這裡是自助形式點餐，安座後到櫃檯點菜拿水便可

當季美味，打開你的「好食神經」

煙三文魚熱情果法式油醋沙拉
混合了新鮮的羅馬生菜、菠菜葉和熱情果（百香果），配合法式油醋汁，微微酸辣的沙拉是飯前必吃的開胃菜

燒汁野菜雞絲蓋飯
小小的一碗蓋飯比想像中來得飽嘴，野菜種類也多，包括有：三色甜椒、洋蔥、秋葵和多款菇類

雜莓蜜桃梳打
上層的草莓、中間的紅藍莓和底部的果莓茸汁，配搭出剛剛好的多層次果莓鮮甜口感

關於新界、離島區，
其實……

馬灣、西貢、上水、石澳、大嶼山好像與市區距離很遠，但其實來往兩地的車程不會多於 2 小時。現在離島仍然有很多原居民居住，生活模樣和風俗是其特色，所謂一處鄉村一處例，每個嶼島都有其習俗和鄉例，只有親身到該地方走走，才能感受當地的風土文物。例如馬灣，本是一個漁村，一直以來居民只可乘船才能通往市區，到 1997 年興建了青馬大橋才開始有車行走，現時馬灣仍保留了漁村特色，漁排、天后廟、棚屋、避風塘、紅樹林都是這裡的生活自然景觀。

芳園書室

舊情懷

Infomation

地址 荃灣馬灣田寮村 **電話** 2870-1330 **時間** 週一、三～週日及公眾假期 09:00 ～ 17:00(午飯時間 12:30 ～ 13:30) **價錢** 芳園書室入場費 $10 ／輕鬆文化導賞遊 (1.5 小時)$60 ／大自然探索導賞遊 (2.5 小時)$90 **交通** 1. 港鐵荃灣站 B2 出口，轉乘 NR331 專線巴士往馬灣珀欣路，於馬灣基慧小學下車，步行約 5 分鐘。2. 港鐵葵芳站 C 出口，轉乘 NR332 專線巴士往馬灣珀麗路，於馬灣基慧小學下車，步行約 5 分鐘 **網址** fongyuenstudyhall.hk

THIS "INK" WAS NOT THAT "INK"

In the early days, students did not have pencils and ballpoint pens; they had to bring their own calligraphy paper, Chinese brush, ink stone and black ink stick (the "Four Treasures of the Study") to school. Students made their own ink by grinding the ink stick on the ink stone with some water. One day, a Fong Yuen student came up with an extraordinary idea that perhaps there was no need to make ink again if squid's ink would do instead. As it turned out, it was not successful and the entire classroom was filled with an unbearable stench and the smell was so terrible that everyone had to cover up their noses.

students seldom have a chance to use the "Four Treasures of the Study" unless they practise Chinese calligraphy. Of course, the funny story of "squid ink" was a thing of the past. Advances in technology ... ink altogether. It is so environmental friendly! With ju... can practise beautiful calligraphy with your brush! Wh...

CALLIGRAPHY STAND

$12

滿載馬灣民居記憶的「卜卜齋」學堂

馬灣的重大節慶：天后誕

漁民重視的天后誕傳統在馬灣仍是一個重大的節日。在每年農曆 3 月 23 日的天后誕，會一連 4 ～ 5 天舉辦慶祝活動，包括：舞獅表演、5 日 4 夜的神功戲和花炮會。

自然與藝文導賞遊

這裡提供「輕鬆文化」與「大自然探索」兩種導賞遊路線，讓旅客深入了解馬灣地理與人文。所有導賞皆要預約，且以廣東話為主，如需普通話及英語，須於報名時要求，以便提早安排導賞員。詳情請見官網。

1

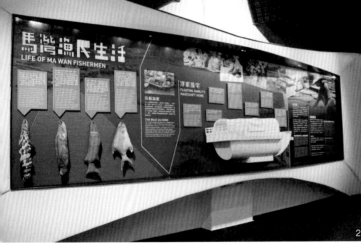

2

芳園書室小故事：傳統卜卜齋的教學模式

以前只依靠船隻連接市區地方的馬灣，為了讓島上小朋友能夠不受舟車勞頓之苦，接受教育學習知識，村民賣沙集資，並動用全村兄弟以義務方式協助興建鄉村私塾學校，俗稱「卜卜齋」，亦即「芳園書室」，成為馬灣唯一的學校。當時的「芳園書室」，沿用了卜卜齋老師全科教學和複式上課的模式，在同一時間，兩班同學要一同上課，全盛時期，3 位左右的老師需教導 90 位學生所有學科知識。

另外，由於以前沒有帶便當回校這個習慣，「芳園書室」旁邊設有廚房，提供地方讓學童在這裡煮菜，讓他們負責自己的伙食。而以前其中的一個學科——尺牘，課程內容是教寫作應用文，如：書信、便條和公函等，現在「芳園書室」也有展示當時的尺牘課本。

〈 「卜卜齋」私塾學校舊貌 〉

「芳園書室」是馬灣 1920～30 年代的一所鄉村私塾學校，亦是我們俗稱的「卜卜齋」，修葺後的芳園書室保留了昔日中國細緻雕刻，像 1 樓陽台側面以吉祥雙「壽」圖案設計的欄杆、書室外牆採用的佛教「寶相花」和民間傳統的「盤長結」圖案，反映出當時居民祈求有一個如意安穩生活的願望。現在這裡變成馬灣的教育中心及博物館，介紹書室的舊建築、以前的學校情況和馬灣水陸居民的傳統生活。

〈 了解原居民的傳統文化 〉

據說馬灣原稱「銅錢灣」，後因島上有天后廟，漁民信奉天后，他們稱呼天后為「阿媽」，而「阿媽」的廣東話音近似「阿馬」，故稱為「馬灣」。以芳園書室作為馬灣水陸居民的博物館，原因在於他們是島上的原居民，類似像是台灣的原住民，有著他們獨有的傳統和生活文化，而且書室本來就是專為他們而設的，所以館內除會介紹芳園書室的今昔改變之外，還會有 2 個展覽區，分別是馬灣漁民生活和花炮習俗，用作介紹馬灣水陸居民的習俗和文化。

〈 實地生態文化導覽遊 〉

馬灣漁民生活展覽區是介紹以漁業為生的原居民，在一艘「住家艇」的日常生活以及獨有的島上方言。花炮習俗展覽區則是講述馬灣漁民的捕魚忌諱和習俗。現時的馬灣居民不再出海捕魚，轉行飼養食用魚，這裡是香港最具規模的養魚區之一。很多漁排、水上棚屋，以及漁民傳統仍舊被保存下來。如想親自觀摩馬灣漁民的生活現況，可參加書室提供的導賞遊，參觀島上的漁排、棚屋、天后廟、紅樹林和避風塘等，實地體驗馬灣的生態環境、傳統文化和水陸居民的生活習性。

1. 門外有休憩地方，讓遊客坐在這裡想像當時學生學習的模樣／2. 在 4 坪大的書室內，曾是兩層式的課室設計，現在則變成一層式書室，用作介紹書室的歷史和水陸居民的生活／3. 運用了西方建築為藍本的中式建築，刻在芳園書室上方的是「寶相花」和「盤長結」圖案，是中國傳統的吉祥圖案（圖片提供／芳園書室）／4. 馬灣天后廟是香港天后廟當中規模最小的，但據聞特別靈驗，所以香火鼎盛。圖中花炮的第二層有龍柱、山水畫、橫眉、八仙、大將、燈籠及炮膽，分別蘊含 8 種吉祥的寓意／5. 這是接載往返馬灣的專線巴士，車程大約 15～20 分鐘

自然系

Muimui.co

Infomation

地址 荃灣沙咀道 11 號的達貿中心 10 樓 1016 室
電話 3622-1280　**時間** 星期一～星期五 10:00 ～
19:00，星期六 14:00 ～ 19:00，週日及公眾假期
休息　**交通** 港鐵荃灣站下車，轉乘的士往達貿中
心　**網址** www.facebook.com/hkmuimui

純手工的自然呵護，
敏感肌膚的最佳良品

購買前的注意事項

所有護膚品必須放在冰箱保存，保存期約 3 個月。客人選購後，可以請店主代為安排
快遞把產品送到酒店，不用怕因行程耽誤而使產品因長時間處在室溫，導致容易變壞。
另外，上門前最好先在其臉書查看當日的開放時間。

〈 零化學成分的保養品牌 〉

面對傷痛和困難,你會選擇昂步前進還是逃避生活?一個因山火導致八成皮膚灼傷的女生,一個因壓力而引發濕疹的女生,一個備受敏感肌膚困擾的女生,她們靠著白老鼠的試驗精神和與生俱來的愛美天性,來克服不同的肌膚問題;由志趣相投的同學,變成工作拍檔,共同創立了「Muimui.co」。它是香港少有純手工零化學成分的護膚品牌,產品特別適合居住在香港和台灣等潮濕天氣的敏感肌膚女生。

〈 親身實驗的美容產品 〉

產品研發和製作的任務交由阿芒負責,由於她的皮膚灼傷後變得極為敏感和乾燥,不能觸碰任何有化學成分的原料,在製作的過程中,如發現有任何敏感反應或補濕度不夠的話,該成分就會被剔除,藉以確保產品有實際功效才推出市場。除阿芒負責產品研發之外,另外兩位拍檔會主力負責對外及營運工作。3位女生依據各自長處,把多年來的美容心得和研發成果,與其他女生分享。

〈 自家研發無害護膚系列 〉

產品方面會有3個主要系列,包括:玫瑰雪耳系列、荷荷巴系列和洋甘菊系列。玫瑰雪耳採用了購自英國的保加利亞玫瑰和平常食用的銀耳,煉製成玫瑰花水和雪耳精華,具有補濕、美白和緊緻皮膚功效。至於荷荷巴油的分子結構與皮膚組織相似,親膚性強,質地清爽而且容易吸收,適合任何膚質。洋甘菊則是所有系列中最具滋潤效果,可抗敏舒緩,尤為適合痘痘肌膚。另外,這個品牌也有特別的運送服務照顧來港旅遊的客人,詳情可詢問當值的店員。

私家推薦

洋甘菊薄荷蔗糖磨沙

面部和身體磨沙系列是選用了天然甘蔗糖成分,滋潤之餘,蔗糖會自行溶解,不會如一般磨沙用品殘留沙粒,健康又環保。

1. 長型的工作室分開了4個區域,一推門而進會見到產品區,工作室盡頭則是會客區和美容儀器試用區,產品架對面則是產品製作室／**2.** 店主也有提供手提保冷袋,客人購買後能讓產品保持冷藏溫度直至回到家中／**3.** 部分產品有出旅行組,方便經常出差或旅行的朋友外攜使用。而詳細的產品成分與功效說明可參考官網

蕉徑休閒村

自然系

Infomation

地址 新界上水蕉徑路 **電話** 2392-9233
時間 週六～週日 10:00 ～ 17:00（必須預約） **交通** 東鐵上水站 A4 出口，走到上水廣場轉乘 77K 巴士往元朗方向，在營盤站下車，步行至蕉徑路 **網址** www. innolife.hk

注意事項
提供導賞團行程，可選擇廣東話、普通話或英語，價錢與行程內容請向店家查詢

純樸鄉居生活，
融入自然的水耕花藝

另可搭專線小巴前往

除了巴士外，還可以在上水火車站附近的專線小巴總站，搭乘往蕉徑彭屋的 57K 綠色專線小巴（千萬不要坐往唐公嶺的 57K 綠色專線小巴），與司機說休閒村下車便可。另也可在上水火車站 C 出口乘坐的士到蕉徑新、舊路口的休閒村下車，車費約 30 元左右。

〈 打造近郊自然休閒村 〉

不是每個人都喜愛都市生活，「蕉徑休閒村」的創辦人之一 Andy 就是因為住不慣市區，所以選擇在寧靜的上水過生活。從小就住在近郊的 Andy，並不嚮往市區的繁盛喧鬧，熱愛鄉居生活。他父親本身以研究水耕為本業，姑姐喜歡花藝，表弟從國外畢業回港後想成立工作室，在眾志成城之下，便正式成立綠色品牌「Greenology」和工作室兼園藝小店的「蕉徑休閒村」。

〈 提供半日生態導賞遊 〉

Andy 希望撇開商業元素，讓訪客可以在大自然之下了解植物，互相交流心得，所以在蕉徑村租用了一幢 196 坪的平房，還特意採用落地玻璃的設計，使在屋內也能欣賞到外面小花園的水耕植物園藝。週末時，工作室會對外開放，並由店中各成員帶領訪客遊覽。導賞遊的行程包括參觀蕉徑休閒村內的有機農場、水耕體驗場、魚菜共生導賞、園藝精品展廊、品嘗農場有機蔬菜及果汁和花器工作坊等。當中的有機農場是獲得香港有機認證資格，特定月分會有馬鈴薯節，訪客摘完馬鈴薯後，更可現煮現吃。

〈 水泥叢林外的桃花源地 〉

參加完導賞遊後，可到屋內的環保玻璃世界欣賞他們自己研發的水泥盆栽花器。「Greenology」是與「蕉徑休閒村」共同衍生的綠色品牌，他們以科學物理角度再配合原料的特性，優化盆栽花器缺點，其中一款水泥自動吸水花器最近也獲得了香港設計大賞的金獎及評審團大獎。對花藝有興趣的朋友，屆時也可與店主分享研究一下。臨離開前，其實可以到蕉徑村閒逛一圈。這個蕉徑村附近沒有市區規畫的大型配套設施和高樓，卻有傳統士多售賣飲料和供村民日常聚腳閒聊的鄉村茶樓。途中更會看到在市區內很難找到的香港野生植物品種。

1. 這裡提供新鮮榨取的蔬果汁，「紅菜頭」（甜菜根）是最受歡迎的果汁之一／2. 水泥系列中的水泥自動吸水花器，是運用了科學知識研發出來的／3. 導賞的其中一個團種已包括工作坊，如沒有太長時間逗留，也可只參加工作坊或純參觀的團種（以上圖片提供／蕉徑休閒村）

嘉道理農場暨植物園

自然系

Infomation

地址 香港新界大埔林錦公路 **電話** 2483-7200 **時間** 週一～週日 09:30～17:00，16:00 後停止入場，特別節日及公眾假期休息 **價錢** 5～11 歲 $15 ／ 12～59 歲 $30 ／ 5 歲以下、60 歲或以上長者或合資格殘疾人免費入場 **交通** 東鐵太和站下車，轉乘 64K 巴士往元朗西方向，約 20～25 鐘到達一段大段路最頂處，於嘉道理農場暨植物園門前的巴士站下車 **網址** www.kfbg.org

注意事項
1. 官網有提供建議的參觀行程，可自行參考
2. 園內提供觀光巴士往來、上下山區，成人 $10 ／小童及長者 $5 ／ 3 歲以下小童免費，巴士班次請參考官網

水泥叢林之外，
尋訪郊野動物與四季景色

〈 最高峰的植物園區 〉

「嘉道理農場暨植物園」位於全香港最高山——大帽山的北坡，是一個自然保育場暨植物園。沿道園內 9 公里道路可登上海拔 549 公尺的觀音山頂，可欣賞香港的山林景色。「嘉道理農場暨植物園」主要有 7 大區域，分別有生態徑、特色亭台、低碳生活展區、歷史地標及觀景地點、野餐區、植物教育展覽和動物教育展覽。

1. 園內共有 6 個特色亭台，讓遊客可以從不同角度觀賞山上及山下的景色

規畫重點遊覽即可

由於該園區占地達 148 公頃，1 天時間不可能走完整個植物園，建議在出發前先到官網查看遊覽地圖，選擇重點遊覽景區，若有剩餘時間才再慢慢到各區參觀。

〈 群花競豔的天然景觀 〉

園區遍布整個山頭，樹林景色自然是一大亮點。這裡每個月分都可以看到不同種類的季節性植物、蔬果及香草，有極受歡迎的鐘花櫻桃（俗稱櫻花）、吊鐘花、梅花、桃花等 25 類花種，以及多達 33 種的季節性蔬果和香草。冬天時，黃金亭山坡四周植物都會開花，屆時可看到河岸和階梯平台群花競豔的情景。若是站在嘉道理兄弟紀念亭則可以俯瞰整個農場和新界西北部的景觀。

〈 一親香港郊野動物 〉

動物教育展覽區方面則有 18 個小分類，其中昆蟲館、兩棲及爬行動物館、猛獸之家和土本哺乳動物屋是常被推薦的參觀區域。這裡會介紹到常在香港出現的昆蟲和兩棲及爬行類動物，至於在猛獸之家入面居住的雀鳥，不是因高樓大廈的玻璃外牆影響而撞傷，就是因曾被非法飼養而最終遺棄或虐待的野生動物，園內有全職的獸醫和護士進行全面照料。在這裡你可以欣賞到香港的郊野動物和四季景色。

2. 在大帽山上可感受城市難得的清新綠意／**3.5.** 不同種類的花卉遍布不同區域，開花時節也不盡相同，臨行前可先到官方臉書看看賞花動態／**4.** 動物園區內還有豬舍、野生動物園和驛房等，不定時會舉行活動和工作坊，讓市民加深對野生動物的認識（以上圖片提供／嘉道理農場暨植物園）

X-Fly 香港滑翔傘學會

自然系

Infomation

電話 6710-6615
e-mail info@x-flyhongkong.com
網址 www.x-flyhongkong.com

注意事項
1. X-Fly 在香港有 8 個飛行地點，時間、地點和交通要與主辦單位溝通後，才能確定。需預早兩週前以電話或 e-mail 預約體驗活動
2. 整個活動約 5～6 小時、飛行時間約 10～20 分鐘
3. 活動當日需穿著運動服裝、帶備防曬用品、帽、水及少許零食等

鳥瞰全香港，御風而行的空中遊歷之旅

另可籌備特殊行程

除了 1 天的雙人傘體驗活動之外，還有滑翔傘婚禮、空中求婚、空中生日或週年慶典等。如想在這次體驗給另一半一個特別回憶，可以在報名時與教練說明，預先做好準備，以策萬全。

1. 阿星教練擁有超過 100 小時以上的雙人傘飛行經驗，並取得法國 SIV 安全與救援培訓證書，參加者在飛行時聽教練指示便可／2. 飛行體驗過程中可以拍照留念，但記得要小心拿好身上物品，丟掉就沒有拾回的機會／3. 現時香港用作滑翔傘飛行場地包括有：浪茄灣、北潭坳、八仙嶺、馬鞍山、西灣、石澳和大嶼山等地方 (以上圖片提供／ X-Fly 香港滑翔傘學會)

〈 全新視野遊歷香港 〉

想要體驗香港的地道生活文化，可以閒逛各區的大街小巷；若想嘗試用新的視野欣賞香港，不如駕著滑翔傘俯瞰香港的景致。擁有雙人傘飛行資格的阿星是「X-fly 香港滑翔傘學會」的首席飛行教練，他與其飛行團隊提供香港雙人傘的 1 天體驗活動。你只需要依教練指示坐在滑翔傘的扶手椅上，便可以用最快途徑去飽覽香港的自然景色。

〈 水天一色的如畫風景 〉

飛遍歐洲、美洲、東南亞等地的阿星教練認為香港景致不遜於外國。兩者的分別在於，外國的飛行場地因地形關係，大多是山脈連綿的環境，香港則可看到水天一色的風景，兩者景色都是如畫般漂亮，不相上下。而這項活動基本上沒有季節限制，需要留意的是香港春夏多雨，天氣變化較大，秋冬天氣相對較穩定，有足夠風便可起飛，尤其秋天因天氣清爽，特別適合玩滑翔傘。

〈 一天飛行體驗之旅 〉

在準備開始滑翔傘飛行體驗之前，會先做大約 30 分鐘的熱身運動，那就是步行登上指定的飛行場地。香港合法的飛行場地位於山上，為了不破壞大自然環境，一般都沒有興建車路來讓車輛直達山頂。步行到場地之後，教練會先講解飛行時注意事項，再視察風速風向，確定適合飛行，便可與教練一起飛上天，置身雲層之間欣賞香港。

橋咀島

Infomation

地址 香港新界橋咀洲橋咀　**交通指引** 1. 鑽石山鐵路站巴士總站乘搭 92 號巴士，在西貢巴士總站下車。2. 港鐵坑口站下車，乘搭 101M 專線小巴，於西貢總站下車。選擇 1. 或 2. 下車後，往沿海的散步走廊方向前行，走廊附近便是西貢碼頭，於西貢碼頭乘搭街渡前往橋咀島

回到造物之初，
觸摸最原始的自然地貌

留心船班與漲退潮時間

西貢碼頭的「街渡」（小船）可以前往多個不同西貢島嶼，除有街渡去橋咀島，也可以選擇環島遊。街渡一般會在下午 6 時前回航到西貢碼頭，記得上船時查詢尾班船的時間。另外，連接兩島之礫石步道，在潮漲時會完全被掩沒，所以記得留意當天的潮漲潮退情況。

〈 豐富的火山地質風景區 〉

　　西貢有大約 70 多個大小島嶼，並擁有豐富的地質歷史、生態環境、海島風光和人文歷史，不只是旅遊的熱門地點，也是市民週末消遣的地方，亦是地質旅遊景點之一。而橋咀島便是一個具有多種火山岩石資源的景區，它是一個兩島連成的沙洲，一個島是沙灘，另一個則是世界地質公園。橋咀島即是「尖島」的意思，島的兩邊呈尖形，兩島之間有一條長達 274 公尺的石壩的橋，潮漲時會隱沒在水中，只有潮退時才露出水面，是連接兩島的礫石步道。

〈 一窺奇石「菠蘿包」 〉

　　橋咀島曾處在巨型火山邊緣，經歷了多次的火山爆發，火山崩塌和下陷後形成破火山口。如今在橋咀島仍可找到多種岩石，如：火山岩、侵入岩和火山沉積岩，而最特別的應是這裡被俗稱為「菠蘿包」的石英二長岩，它是經過多次的礦物膨脹或收縮風化作用而形成的外貌。另外，越過地質公園則有一個小型燈塔，常會看到市民在此處垂釣。

〈 可在內海沙灘戲水烤肉 〉

　　地質公園以外，橋咀島另一邊是公眾泳灘和燒烤場。在這裡會看到兩個泳灘，一個是有救生員、浮台、防鯊網圍著、石頭量多的沙灘，另外一個則是滿布樹蔭供市民曬日光浴的細沙沙灘。燒烤區設在有救生員那邊的泳灘，附近有小食亭、更衣室、洗手間、淋浴設備等設施。橋咀島空曠的視野，不論是在地質公園還是燒烤區域，都能看到美好的日落景致。

1. 在地質公園附近會有多個牌子，介紹不同的火山岩石類型和形成過程／**2.** 橋咀島與西貢碼頭距離只不過是 10 多分鐘的船程，開船不久，遠遠已看到橋咀泳灘，上岸後幾步路便看到沙灘指示牌／**3.** 在礫石步道旁會偶爾看到採集貝類的漁夫／**4.** 救生服務將會於每年 11 ～ 3 月暫停，浮台也會被移走；另一邊細沙沙灘則是面對地質公園

來香港住一晚

5 種不同的住宿體驗

好棧旅居

平價的溫馨小居

Infomation

地址 九龍佐敦彌敦道 242 號立信大廈 2 樓 E 室　**電話** 6804-2895　**價錢** 約 $200～$320　**交通** 港鐵佐敦站 B1 出口，步行約 3 分鐘　**網址** www.hohohostel.com

注意事項
1. 入住時間 14:00 ／退房時間 11:00
2. 跑步團路線 (8 公里)：清晨的彌敦道→尖沙咀鐘樓 →維多利亞海旁→無人的海港城商場→九龍佐治五世紀念公園→西九文化區西九海濱長廊

藏在商場裡面的電梯

立信大廈的電梯藏在商場裡面，只要找到大廈商場指示牌，便會看到電梯，

〈 能體驗在地生活的旅館 〉

「回家第一件要做的事情，便是脫鞋進屋」，這是民宿的第一個家規，目的是希望住客能在舒適的環境，輕鬆做自己想做的事。由兩夫婦經營的本地民宿「好棧旅居」，認為旅遊就是要卸下常規，走入當地社區體驗文化，帶給旅人預期以外的旅遊經歷，所以這裡不只是一間提供床位的民宿，更會介紹油尖旺區一帶的人民生活和工藝給住客。

〈 可參加晨跑與早餐團 〉

民宿老闆親身走訪了油尖旺區的小店，發掘到深藏一身幾十年好功夫的店主，範圍更廣及傳統麵包手藝、繡花手工，以及鐘表技術等。民宿老闆還親自繪製一張人文地圖，策動地道的逛街路線，讓住客只要地圖在手，便能見盡香港的街坊文化。更令人驚喜的是，老闆娘原來是一位戶外的運動教練，她設計了以晨跑方式來帶領住客認識空無一人的九龍街道，跑步團路線由彌敦道作起點，一直去到西九海濱長廊，回程時更可順道參加民宿的另一個早餐團，一嘗香港街坊式的早餐。

〈 有背包客房與隔音房 〉

說到旅館，自然不能不提有關房間及配套設施。這裡提供的是床位預訂不是房間預訂，有男、女合宿房間、女生專用房間和有隔聲功能的房間。試過住民宿的朋友定必知道，不能保證合宿房間會是一個絕對寧靜的睡眠環境。如住客本身在睡覺時會呼呼作響，可要求入住有隔聲功能的房間來展現你的貼心。另外，清潔是民宿老闆最重視的一環，每天她都會花大量時間打掃地方，務求讓客人有一個舒適的地方休息。

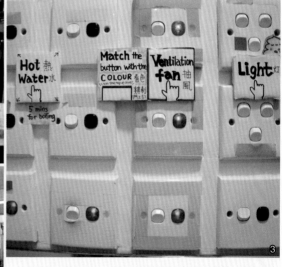

1. 民宿有一個小客廳，是交流和用膳的地方（圖片提供／好棧旅居）／ 2. 民宿門外的牆上壁畫，是由一個外國住客趁空閒時用毛筆繪畫的，為民宿加添多一點異國色彩／ 3. 每個角落都貼上提示，並且全部都是由老闆娘親手畫製，完全感受到她的細心

文化旅館 · 翠雅山房

Infomation

地址 九龍青山道 800 號 **電話** 2100-2888 **價錢** 約 $450～$900 **交通** 1. 港鐵美孚站 B 出口，朝香港大學專業進修學院方向，前行至中華電力變電站，登上架空天橋，左轉至青山道休憩公園，於交通燈處橫過青山道即可到達，步行約8 分鐘。2. 提供免費穿梭巴士到尖沙咀、荔枝角地鐵站及美孚地鐵站，行駛班次及路線請參考官網 **網址** www.heritagelodgehk.com **MAP** P.113

注意事項
入住時間 15:00
退房時間 12:00

獨立的娛樂休息私人樓房

旅館還有一個獨立的娛樂休息私人樓房，只有房卡的住客才可進入，裡面有可供上網的電腦和雜誌，讓住客有一個寧靜的休憩空間。

〈 位居山頭的文化旅館 〉

坐落於市區的「翠雅山房」，是饒宗頤文化館其中一個區域，旅館安排在臨近山頂的上區，可以讓住客一次飽覽整個饒宗頤文化館的大型園林式歷史建築群全貌。建築師活用了屋頂的長方形金字斜頂雙層設計與本土的建造技術，把 5 幢百年歷史的古蹟，以琴、棋、詩、書、畫主題來布置。盛夏的時候，旅館附近的英雄樹，亦即木棉花，把上區整個山頭染滿火熱的豔紅色，頓時把這裡變成一幅充滿詩意的中國古畫。

〈 中西合璧的時尚風格 〉

5 幢主題旅館共有 89 間客房，每個主題都會有 3 種房型。第一種是標準客房，房間保留了原有的大窗戶，設計簡約。第二種是特色客房，利用了建築本身的高天花來營造空間感，英式的金字屋頂配合室內的中國主題元素，有種混搭的時尚感。最後一種是雅緻套房，設有一房一廳、約 10 坪大的雙人居室，從房間可看到窗外的青翠園林。

〈 居高臨下的自然風光 〉

「翠雅山房」居高臨下的有利位置，可從兩邊角度欣賞美孚腳下風光，而在旅館中間的橫巷有個露天的咖啡室，讓住客可在這邊喝咖啡，在花節的時候，更是遊人拍照的熱門地點。旅館同時提供免費的穿梭巴士，途經山腳的饒宗頤文化館至地鐵站及尖沙咀的旅遊旺區，是適合家庭入住的文化旅館。

1.「翠雅山房」早在百年前已是沿山而起的古樸建築群，一路出旅館門口，寬敞的園林和蔚藍天空盡在眼前／2. 上、中、下區分別以樓梯及電梯連接，這裡備有完善的無障礙設施／3.4. 整個文化館是由「香港港華文化促進中心」進行規畫及活化，所以每個客房都以中國傳統風格為主調，傢俬也是以木材為主（圖片提供／文化旅館 · 翠雅山房）

美荷樓青年旅舍

Infomation

地址 九龍深水埗巴域街 70 號石硤尾邨 41 座
電話 3728-3500 **價錢** 約 $250 ～ $800 **交通**
港鐵深水埗站 B2 出口，沿北河街直走至大埔
道左轉，過馬路到對面的巴域街，步行約 10
分鐘 **網址** www.yha.org.hk **MAP** P.105

注意事項
1. 入住時間 16:00 ／退房時間 11:00
2. 設施：平台花園、儲物櫃、公用自助廚房、
   24 小時接待處、Wifi 及上網服務、多用途
   室、自助洗衣間、康樂室、士多、餐廳

香港有多處青年旅館

香港青年旅舍協會除有在城區的美荷樓青年旅舍外，在近郊及郊區都設有青年旅館，
部分更有燒烤場及景觀台，詳情可參考官網。

〈 古蹟活化的青年旅舍 〉

美荷樓曾獲得多個本地、外國的建築和古蹟保護獎項，它可算是香港其中一個最能保全古蹟原貌和建築功能的活化計畫。全幢「美荷樓青年旅舍」分為 5 層，共 129 個房間，分別有 93 間雙人房、6 間家庭房、10 間容納 8 人的上下鋪床多人房、16 間主題房間，及 4 間提供給傷健人士的無障礙房。現在「美荷樓青年旅舍」的部分房間也保留了當時居民日常生活的設計風格。

〈 可入住屋邨主題房間 〉

主題房間是根據以前屋邨居民的生活模式而布置的，每間主題房都有其特別設計、以及保留了原有的單元性結構間隔。外觀上混凝土裝飾窗花、大廈走廊的露台及窗戶欄柵均是舊有原貌，只有走廊和圍欄牆是為了符合現時的安全條例加以重建，並在中座加建了電梯。

〈 體驗居民日常生活 〉

旅舍齊備了旅客的日常所需設施，自助洗衣間、廚房和茶水間，讓旅客體驗地道香港居民的日常日活，同時也可省卻不少旅費。而在旅舍旁邊的晨運徑，是深水埗居民每朝晨運的地點，旅舍職員有時也會在午飯後在此散步走上山頂，30 分鐘的路程便可從高處俯瞰美荷樓全貌和深水埗景色。在這裡真正能體驗香港屋邨居民的日常生活作息。

1. 美荷樓建於 1954 年，並由香港青年旅舍協會負責保育及活化工作／2. 旅舍設施一應俱全，有可供上網的電腦、自助衣帽間、康樂室和大型冰箱等（圖片提供／美荷樓青年旅舍）／3. 旅舍每層都有學生繪畫的壁畫／4. 晚上可以在平台花園與其他住客一邊暢飲一邊聊天

名樂漁莊——生態空間

Infomation

地址 香港元朗天水圍馮家圍 30 號　**電話** 2891-8263　**價錢** 約 $1,300 ～ $2,000(2 ～ 6 人)　**交通** 西鐵天水圍站轉乘輕鐵 705 線到銀座站下車，再轉乘的士前往名樂漁莊

網址 www. aecospace.com

注意事項

1. 入營時間 15:00 (最遲 21:00 前辦理入營手續) ／ 退營時間 10:00 ～ 12:00
2. 只接受網上預訂
3. 營內食品必須於訂房時一同預訂

預約時與營主預先訂餐

露營地點雖距離住宅區不遠，但來回路程至少要 45 分鐘以上，加上不清楚屋苑內是否有合心的食物，所以最好在預約時與營主預先訂餐比較有保障。

〈 盡情放鬆的綠色空間 〉

「名樂漁莊——生態空間」是一個綜合活動露營區，有燒烤場、遊戲區和多用途活動場地。老闆曾在澳洲住過一段時間，熱愛大自然生活，希望把外國的綠色文化推廣至香港，於是想出以 5 種不同主題的營帳作分野，吸引不同群組嘗試露營樂趣，讓生態空間成為家庭、情侶、學生、中產人士或退休人士作為放鬆休息的地方。

〈 5 種主題露營玩樂區 〉

營區分開 5 個主題，分別有羽、徵、角、商及宮。營區主題是以豪華程度來區間露營方式，羽是適合有小朋友的家庭入住，它是一個可容納 2～6 人的帳棚，可以選擇蘑菇屋、彩虹屋、冰屋、火箭屋或糖果城堡的屋型。「徵」是採用可回收物料製作的全透明和半透明的球形帳棚，是給喜歡夜觀星空的情侶入住。「角」是傳

統露營方式的園營，入營者可自駕車輛到園區，接受自攜營帳或直接入住園區提供的營帳，並可到田園煮食區享受野炊樂趣。

〈 戶外豪華度假體驗 〉

而「商」及「宮」則是備有獨立廚房及洗手間的露營箱和露營車。「商」是仿照改造貨櫃箱概念而成的箱旅露營，有私家的燒烤區，全部箱旅都是從歐洲運來的。「宮」是最豪華的露營屋，車內有齊日常的家居品，包括：電視、冰箱、廚具、微波爐、烤爐和沙發床等。營區內也設有燒烤區，在假日時會有草地太空球、親子保齡球和笨豬拉力跑等充氣遊戲，也可借用羽毛球、康樂棋、足球和室內棋類等，享受休閒的戶外體驗。

1.2. 羽特別是為小朋友量身訂造，營帳設計偏向以鮮豔顏色和圖案為主（圖片提供／名樂漁莊——生態空間提供）／**3.** 這些箱旅和露營車是從歐洲不同地區採購回來，內部風格也有所不同／**4.** 透明球形營帳在秋冬時節入住最為合適，避過炎熱多雨的春夏季，較能看到滿天星辰的天空

Y 旅舍

Infomation

地址 香港柴灣柴灣道 238 號青年廣場
電話 3721-8994　**價錢** 約 $640 ～
$950(須另加 10% 服務費)　**交通指引**
港鐵柴灣站 A 出口，步行約 5 分鐘
網 址 www.youthsquare.hk/chi/yloft_
hostel_rooms/

注意事項
1. 入住時間 14:00 ／退房時間 12:00
2. 設施：24 小時前檯服務、精品角、商務角、自助洗衣房、
　 健身區、空中花園、咖啡室、空中緩跑徑、聚會空間
3. 持有國際學生證及國際青年證會員可以優惠價入住，連續住
　 3 晚或以上額外可享季節性優惠 8 ～ 9 折，詳情請參閱官網

亦有文化活動展覽
雖然位於柴灣的「Y 旅舍」偏離景點集中的油尖旺區，但這裡鄰近地鐵站，交通尚算便利，
廣場內也不時有文化活動展覽可供觀賞，也可說是一個不錯的住宿選擇。

〈 位於本地青年活動中心 〉

「Y 旅舍」是青年廣場旗下的一個青年旅館，整座廣場備有多元化的設施，如：綜藝館、劇場、多用途空間、旅舍和零售商鋪等，是一個本地的青年活動中心。它奪得了由政府和香港建築師學會合辦的建築設計比賽獎項。全幢青年廣場以通透的玻璃外牆連貫室內、外的視野，在廣場內行走猶如在玻璃球內看世界，雨水和波紋的絲印圖案則作為幕牆內外的分野。而廣場內的 Y 旅舍不只提供住宿給旅客，海外留學生及本地青年人皆可以短期或長期租用房間。

〈 設備完善的無障礙住宿 〉

住宿旅舍分布於主座大樓和旅舍大樓，合共 148 間房間。6 種房型包括有：雙人房、雙人房連露台、3 人房、複式 6 人房、6 人房和無障礙房。每個房間均有獨立淋浴間、洗手間、32 吋高清電視和客房清潔服務。為方便傷健人士入住和活動，走廊和房間空間較為寬敞，房間內也設有有落地拉門、斜台、傷健淋浴間和洗手間，提供完善設施供家庭旅客入住。

〈 酒店式住宿體驗 〉

至於住宿配套方面，除有一般的行李儲存和前檯服務外，還有健身區、精品角和自助洗衣房，提供基本的健身設備、自助洗滌服務和本地青年設計師的精品。另外，青年廣場內也有中、日、西式餐廳進駐，用餐完畢後，可參觀廣場內的展覽和活動，這裡曾不定期舉辦過藝術展、攝影展、分享會、音樂會和漂書節等，詳情可在官網上查閱。

1. 到達青年廣場後，旅客直接坐電梯到主座大樓 12 樓的旅舍接待處辦理訂房入住和退房手續／2.「Y 旅舍」曾獲 TripAdvisor 頒發「年度卓越」的 4 星評級，表揚其住宿服務／3. 青年廣場是政府的轄管項目，目的是希望日後能成為本地的青年發展活動中心（以上圖片提供／Y 旅舍）

港地
慢慢走

市區交通方式

〈 電車全景遊 〉

香港電車推出了電車全景遊，分別有兩條路線穿梭港島區的景點及 7 個主題之旅，包括：藝術之行、文物之行、殖民地之行、大自然之行、家庭之行、購物之行和饗宴之行。購買黃金套票會有 1 小時的觀光電車音頻導遊服務，並有 8 種語言可供選擇，以及兩天無限次乘搭普通載客電車。

車資、路線及預訂：
www.hktramways.com/tc/tramoramic

〈 的士（計程車） 〉

香港的士分為 3 類，包括有市區的士、新界的士和大嶼山的士，並以顏色區分。紅色市區的士，除東通道和南大嶼山外，可在香港大部分地區內行駛；綠色新界的士，只可在新界東北部和西北部行駛，包括：屯門區、元朗區、大埔區、北區、沙田、荃灣、葵青和西貢部分地區；藍色大嶼山的士則可在大嶼山及赤鱲角行使駛。

香港有指定的士站和的士上落客點（乘客上下車位置），部分港站出口附近都會設有的士站。另外，要注意的是香港的士大多有日更車和夜更車之分，日夜更車的交班時間通常約在 16:00 ～ 18:00 之間，所以一般這段時間比較難找到的士乘搭。

的士站和的士上落客點位置參考
www.td.gov.hk
選擇繁體進入後，點選：香港運輸→公共交通→的士→下方「的士實用資訊」中「的士乘客」的的士站及的士上落客點

的士車資參考表

	市區的士	新界的士	大嶼山的士
基本收費	$22	$18.5	$17
2 公里後收費 （每 200 公尺 或每分鐘）	$1.6	$1.4	$1.4
總額達至特定數目後收費 （每 200 公尺 或每分鐘）	$1 （總額達至 $78)	$1 （總額達至 $60.5)	$1.2 （總額達至 $143)
車尾箱行李費 （每件）	$ 5	$ 5	$ 5
是否需額外支付隧道費用	✓	✓	✓

1. 市區的士的車輛數量是同類之中最多／**2.** 的士基本上分為 4 人座及 5 人座，每輛的士車尾都會有一個綠色的牌子標明座位數

〈 專線小巴 〉

　　專線小巴的座位最多為 16 個，綠色專線小巴是行走固定路線、紅色專線小巴則是行走非固定路線。綠色專線小巴是有固定的班次和收費，分別會有行走港島、九龍及新界的指定小巴路線。紅色專線小巴除特定禁行區域外，可行走香港各區，而且沒有特定路線、班次和收費要求，搭乘時請查看專線小巴車頭擺放的價錢收費牌。

大部分的專線小巴的乘客座位都附有安全帶，上車時必須扣上

綠色專線小巴路線查詢教學

Step 1　例如要搭小巴前往 F11 攝影博物館，先進入香港運輸署網站 hketransport.gov.hk，點選「路線搜尋」

Step 2　在 A 欄打入出發地：蘭芳道→選擇「蘭芳道 2 號 (小巴站)」

Step 3　在 B 欄打入目的地：毓秀街→選擇「毓秀街 11 號」→點選搜尋

Step 4　點選搜尋結果下的 30 專線小巴→路線詳情

Step 5　路線詳情會顯示下車站名，右邊地圖即標注了下車後，從車站步行至目的地的路線 (P.S. 記得在快要下車前大聲說「XX 站下車」，司機揮手示意才不會跳過車站喔)

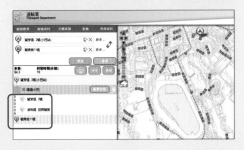

世界主題之旅100

香港自己的味道：工廈黨 X 藝文青 X 舊情懷 X 自然系

作　　者	Esther

總 編 輯	張芳玲
發想企劃	taiya旅遊研究室
編輯室主任	張焙宜
企劃編輯	李辰翰
特約主編	李辰翰
封面設計	蔣文欣
美術設計	蔣文欣
地圖繪製	蔣文欣、涂巧琳

太雅出版社

TEL：(02)2882-0755　　FAX：(02)2882-1500

E-mail：taiya@morningstar.com.tw

郵政信箱：台北市郵政53-1291號信箱

太雅網址：http://www.taiya.morningstar.com.tw

購書網址：http://www.morningstar.com.tw

讀者專線：(04)2359-5819 分機230

出 版 者	太雅出版有限公司
	台北市11167劍潭路13號2樓
	行政院新聞局局版台業字第五○○四號

法律顧問	陳思成律師

印　　刷	上好印刷股份有限公司　TEL：(04)2315-0280
裝　　訂	東宏製本有限公司　TEL：(04)2452-2977

初　　版	西元2017年01月01日
定　　價	320元

(本書如有破損或缺頁，退換書請寄至：
台中市工業30路1號 太雅出版倉儲部收)

ISBN　978-986-336-150-3

Published by TAIYA Publishing Co.,Ltd.

Printed in Taiwan

國家圖書館出版品預行編目資料

香港自己的味道：工廈黨x藝文青x舊情懷x自
然系 / Esther作. -- 初版. -- 臺北市：太雅，
2017.01　面；　公分.--（世界主題之旅；100）

ISBN 978-986-336-150-3(平裝)

1.旅遊 2.香港特別行政區

673.869　　　　　　　　　　105020563

這次購買的書名是：

香港自己的味道：**工廈黨X藝文青X舊情懷X自然系** (世界主題之旅100)

＊01 姓名：＿＿＿＿＿＿＿＿＿＿＿＿＿＿＿＿＿＿＿＿　性別：□男 □女　生日：民國＿＿＿＿＿年

＊02 手機(或市話)：＿＿＿＿＿＿＿＿＿＿＿＿＿＿＿＿＿＿＿＿＿＿＿＿＿＿＿＿＿＿＿＿＿

＊03 E-Mail：＿＿＿＿＿＿＿＿＿＿＿＿＿＿＿＿＿＿＿＿＿＿＿＿＿＿＿＿＿＿＿＿＿＿

＊04 地址：□□□□□ ＿＿＿＿＿＿＿＿＿＿＿＿＿＿＿＿＿＿＿＿＿＿＿＿＿＿＿

＊05 你選購這本書的原因

1.＿＿＿＿＿＿＿＿　2.＿＿＿＿＿＿＿＿　3.＿＿＿＿＿＿＿＿

06 你是否已經帶著本書去旅行了？請分享你的使用心得。

＿＿

＿＿

＿＿

＿＿

＿＿

＿＿

很高興你選擇了太雅出版品，將資料填妥寄回或傳真，就能收到：1.最新的太雅出版情報／2.太雅講座消息／3.晨星網路書店旅遊類電子報。

填問卷，抽好書 (限台灣本島)

凡填妥問卷(星號＊者必填)寄回、或完成「線上讀者情報上傳表單」的讀者，將能收到最新出版的電子報訊息，並有機會獲得太雅的精選套書！每單數月抽出10名幸運讀者，得獎名單將於該月10號公布於太雅部落格與太雅愛看書粉絲團。參加活動需寄回函正本(恕傳真無效)。活動時間為即日起～2018/06/30

以下3組贈書隨機挑選1組

放眼設計系列2本
(隨機)

手工藝教學系列2本
(隨機)

黑色喜劇小說2本

太雅出版部落格
taiya.morningstar.com.tw

太雅愛看書粉絲團
www.facebook.com/taiyafans

旅遊書王(太雅旅遊全書目)
goo.gl/m4B3Sy

線上讀者情報上傳表單
goo.gl/kLMn6g

填表日期：＿＿＿＿年＿＿＿＿月＿＿＿＿日

(請沿此虛線壓摺)

廣　告　回　信
台灣北區郵政管理局登記證
北　台　字　第　1 2 8 9 6　號
免　貼　郵　票

太雅出版社 編輯部收

台北郵政53-1291號信箱
電話：(02)2882-0755
傳真：(02)2882-1500
(若用傳真回覆,請先放大影印再傳真,謝謝!)

(請沿此虛線壓摺)

太雅部落格 http://taiya.morningstar.com.tw

有 行 動 力 的 旅 行 ， 從 太 雅 出 版 社 開 始

(請沿此虛線裁剪)